Bernhard Stentenbach

Smalltalk
Französisch
einfach und effektiv

Erfolgreich Kontakte knüpfen

ohne große Vorkenntnisse

AF191877

smf

smf-Buch
sicher in modernen Fremdsprachen

Copyright © 2008 Bernhard Stentenbach, Langenfeld
Umschlaggestaltung: Martin Niggemann, Münster
Herstellung und Verlag: Books on Demand GmbH, Norderstedt
Made in Germany
ISBN 978-3-8370-1779-3

Vorwort

Liebe Leserin, lieber Leser,

Smalltalk ist ein wichtiges Element zwischenmenschlicher Kommunikation. Es ist ein kurzes locker geführtes Gespräch über neutrale Themen, bei denen jeder mitreden kann. Auf Reisen, bei Geschäftskontakten mit französischsprachigen Partnern, immer geht es darum, auf eine freundliche Art mit dem Gesprächspartner unverbindlich in Kontakt zu kommen und eine positive Beziehung aufzubauen. Der Smalltalk hilft, die Distanz zu überwinden und eine angenehme Gesprächsatmosphäre zu schaffen. Aus diesem Gespräch an der Oberfläche kann sich durchaus ein Gespräch mit Tiefgang zu einem privaten, beruflichen oder gesellschaftlichen Thema ergeben.

Smalltalk Französisch – einfach und effektiv gliedert sich in vier Teile. Teil 1-3 wendet sich an jedermann, Teil 4 vornehmlich an Geschäftsleute. In sieben Abschnitten werden alle relevanten Themen und Gesprächsanlässe jeweils auf einer Doppelseite behandelt. Hier finden Sie auf einen Blick wichtige Beispielsätze und Redewendungen, die Sie sofort in der Praxis anwenden können. Besonders einprägsame Formulierungen werden optisch hervorgehoben. So erwerben Sie auch ohne große Vorkenntnisse in relativ kurzer Zeit die gewünschte Sicherheit im Smalltalk. „Knigge-Tipps" vermitteln Ihnen die grundlegenden Regeln, die es beim Smalltalk zu beachten gilt. In den „Französisch-Infos" werden Ihnen praktische Hinweise zu sprachlichen Besonderheiten angeboten.

Smalltalk Französisch – einfach und effektiv hilft Ihnen, ein guter Gesprächspartner zu sein, der offen und freundlich auf andere zugeht und für eine entspannte Gesprächsatmosphäre sorgt.

Viel Erfolg dabei wünscht Ihnen

Bernhard Stentenbach

Inhalt

TEIL 3: Themen, bei denen jeder mitreden kann   51

5 Die Top-Themen

TEIL 4: Souverän beim geschäftlichen Smalltalk   79

6 Geschäftliche Kontakte

7 Mit Geschäftspartnern ausgehen

TEIL 1: Gekonnt ins Gespräch kommen

1 Kontaktaufnahme im Alltag

Bitte um Information
Konkrete Gesprächsanlässe

2 Persönliche Kontaktaufnahme

Begrüßung
Vorstellung
Wiedersehen von Bekannten
Wiedersehen von guten Freunden
Fahrt und Ankunft
Unterbringung und Aufenthalt
Einladung
Verabschiedung
In Kontakt bleiben

Bitte um Information

Im Alltagsleben passiert es immer wieder, dass Sie andere
Personen ansprechen: Sie benötigen eine Information,
Sie brauchen Hilfe, Sie müssen sich für ein Missgeschick
entschuldigen.

Entschuldigen Sie, sprechen Sie Englisch/Deutsch/ Französisch?	**Pardon, Monsieur/Madame. Vous parlez anglais/ allemand/français?**
Entschuldigung, könnten Sie mir sagen, wo es hier einen Geldautomaten gibt?	**Pardon, Monsieur/Madame. Pourriez-vous me dire où il y a un distributeur de billets près d'ici?**
Entschuldigen Sie. Darf ich Sie etwas fragen?	**Pardon, Monsieur. Je peux vous poser une question?**
Entschuldigen Sie. Kann ich Sie einmal kurz sprechen?	**Pardon, Madame. Je peux vous parler pour une minute?**
Entschuldigen Sie, wissen Sie zufällig, ob es hier in der Nähe ein Restaurant gibt?	Pardon, Madame. Est-ce que vous savez s'il y a un restaurant près d'ici?
Entschuldigen Sie. Kennen Sie sich hier aus? Ich suche schon seit 10 Minuten eine Apotheke. Ich finde einfach keine.	Pardon, Monsieur. Est-ce que vous connaissez ce quartier? Ça fait déjà dix minutes que je cherche une pharmacie. Mais je n'en trouve pas.

➜➜ **Knigge-Tipp**

Wenn Sie einen Franzosen / eine Französin ansprechen,
fügen Sie «*Monsieur/Madame*» hinzu. Dies wirkt höflicher.
So hinterlassen Sie einen positiven Eindruck.

Entschuldigen Sie.	Excusez-moi, Monsieur.
Könnten Sie mir vielleicht	Pourriez-vous me dire
sagen, wie ich zum	le chemin pour aller
Bahnhof komme?	à la gare?

Entschuldigen Sie die Störung. — **Excusez-moi de vous**
Ich habe nur eine kurze Frage. — **déranger. Je n'ai qu'une**
petite question.

Entschuldigung. Könnten Sie — **Pardon, Monsieur.**
mir bitte helfen? — **Est-ce que vous pourriez**
Ich habe ein kleines — **m'aider, s'il vous plaît?**
Problem. — J'ai un petit problème.

Vielen Dank. Das war sehr nett — Merci beaucoup. C'était très
von Ihnen. — gentil de votre part.
– Bitte sehr. / Gerne. — – Je vous en prie.

Ich komme mit diesem Plan — J'ai des difficultés avec ce
nicht klar. Ich suche den — plan. Je cherche la salle
Raum, in dem die Konferenz — où a lieu la conférence.
stattfindet. **Könnten Sie** — **Pourriez-vous m'expliquer**
mir bitte erklären, *wo* — **s'il vous plaît** où se trouve
sich der Raum befindet? — cette salle?

Verzeihung, ist dieser Platz — **Pardon, Monsieur. Est-ce que**
noch frei? — **cette place est encore**
libre?

Oh, Entschuldigung! War das — **Oh, pardon, Madame.**
Ihr Platz? — **C'était votre place?**
– Bitte. / Das macht nichts. — – Ce n'est rien.

➜➜   **Französisch-Info**

> Das deutsche Wort *„bitte"* wird im Französischen
> unterschiedlich ausgedrückt: Bei einem Wunsch, einer Bitte
> steht *«s'il vous plaît»*.
> Als Reaktion auf *„Danke"* sagt man *«Je vous en prie»*.
> Als Antwort auf eine Entschuldigung steht *«Ce n'est rien»*.

Konkrete Gesprächsanlässe

Im Alltag ergeben sich zahlreiche konkrete Umstände, die
Anlass bieten für spontane Bemerkungen. Außerdem gibt es
häufig Situationen, in denen Sie mit Ihren Mitmenschen
leicht ins Gespräch kommen.

In der Stadt:

So ein Mistwetter! Und dabei
wollte ich heute noch einen
Einkaufsbummel machen.

Quel sale temps il fait!
Et pourtant, j'ai voulu aller
faire du shopping
aujourd'hui.

Im Büro:

*So was Dummes! Ich habe
meine ganzen Unterlagen
vergessen.*

C'est trop bête. J'ai oublié
d'apporter tous mes
documents.

In einem Raum:

*Es ist ziemlich kalt/warm hier.
Finden Sie nicht auch?*

Il fait assez froid/chaud ici.
Vous ne trouvez pas?

Vor einem Schalter:

Oh, ist das voll hier!
Das hätte ich nicht gedacht.
Um diese Uhrzeit ist doch
sonst hier nicht viel los.

**Oh, il y a pas mal de gens
ici.** Ça, je n'aurais pas pensé.
D'habitude, à cette heure-ci,
il y a très peu de monde ici.

In einem Geschäft:

*Entschuldigung. Wo finde ich
das, was Sie da in der Hand
haben?*

Pardon, Monsieur/Madame.
Ça se trouve où, ce que
vous tenez à la main?

Im Bus:

*Ich sehe, Sie haben eine Uhr
an. **Können Sie mir sagen,
wie spät es ist?***

Je vois que vous portez une
montre. **Pouvez-vous me
dire quelle heure il est?**

An einem Taxistand:

Warten Sie schon lange hier auf ein Taxi?

Ça fait longtemps que vous attendez un taxi?

Ich habe es eilig. Ich muss um halb vier am Bahnhof sein. Was soll ich denn bloß machen?

Je suis pressé/e. Je dois être à la gare à trois heures et demie. Alors, quoi faire?

Zu einem Kind:

Du hast aber einen lieben Hund. Wie heißt er denn?

Tu as vraiment un gentil chien. Comment il s'appelle?

In einem Park:

Es ist schön, wenn die Kinder hier spielen können, wie sie wollen.

C'est bien que les enfants puissent jouer ici comme ils veulent.

In einem Restaurant:

Darf ich mich an Ihren Tisch setzen? *Heute ist es aber voll hier.*
Wie kommt denn das?

Vous permettez?
Il y a beaucoup de gens ici aujourd'hui.
Comment ça se fait?

In einem Zugabteil:

Ich sehe, Sie lesen gerade einen Roman von Michel Tournier. Dieses Buch wollte ich schon immer mal lesen. Lohnt es sich?

Je vois que vous lisez un roman de Michel Tournier. Moi, j'ai toujours voulu lire ce livre. Est-ce que ça vaut la peine?

➔➔ **Knigge-Tipp**

Pflegen Sie einen persönlichen Gesprächsstil. Bringen Sie sich ins Gespräch ein. Verwenden Sie das Wort „ich". Vermeiden Sie das Wort „man". Zeigen Sie Gefühle! Das macht Sie sympathisch.

Begrüßung

Die Begrüßung ist eine wichtige Kontaktaufnahme.
Hierbei kommt es darauf an, einen guten ersten Eindruck
zu vermitteln. So stellen Sie die Weichen für einen
positiven Gesprächsverlauf.

Eine unbekannte Person begrüßen

Guten Morgen/Tag.
  Wie geht es Ihnen?
  *Es freut mich, Sie kennen
  zu lernen.*
  Ich bin Frank/Gaby Meyer.

Bonjour, Monsieur/Madame.
  Comment allez-vous?
  **Enchanté/e de faire votre
  connaissance.**
  Je suis Frank/Gaby Meyer.

Sie sind Herr/Frau Lavenne?

C'est vous, M./Mme Lavenne?

*Ich freue mich sehr, dass ich
  Sie auch einmal persönlich
  kennen lerne.*

Je suis très heureux/heureuse
  de vous connaître
  en personne.

**Wir haben ja schon mehrfach
  miteinander telefoniert.**

**Nous avons déjà téléphoné
  plusieurs fois ensemble.**

*Nehmen Sie auch an dem
  Kongress teil?*

Vous participez à ce congrès,
  vous aussi?

*Ich denke, ich werde hier
  einige Leute treffen, die im
  Marketing-Bereich arbeiten.*

Je pense trouver ici des gens
  qui travaillent dans le
  marketing.

*Ich bin gespannt, was es
  Neues in meinem Bereich
  gibt.*

Je suis curieux/curieuse
  de savoir ce qu'il y a
  de nouveau dans mon
  domaine.

*Gehen Sie auch zu dem Empfang
  heute Abend? Wissen Sie,
  wo das ist?*

Vous allez à la réception
  ce soir, vous aussi?
  Vous savez où c'est?

Eine bekannte Person begrüßen

Guten Tag, Herr/Frau Teyssier.
Schön, Sie zu sehen.

Bonjour, Monsieur/Madame.
Ça me fait plaisir de vous voir.

Es ist schon lange her, dass wir uns das letzte Mal gesehen haben.

Ça fait longtemps qu'on s'est vu pour la dernière fois.

Ja, ich glaube, das war vor zwei Jahren, auf der Messe in Lille.

Oui, je crois que c'était il y a deux ans, à la foire de Lille.

Ja, ich erinnere mich.

Oui, je me rappelle.

Sie haben aber ein gutes Gedächtnis.

Vous avez vraiment une bonne mémoire.

Was für ein Zufall, dass wir uns hier wiedersehen!

Quel hasard de se revoir ici!

Ich glaube, wir sind uns schon einmal begegnet. Erinnern Sie sich an mich?

Je crois que nous nous sommes déjà vus une fois. Vous vous souvenez de moi?

Ach ja, das war auf der Messe in Montpellier. Das ist schon lange her.

Ah oui, c'était à la foire de Montpellier. Il y a bien longtemps de cela.

➜➜ **Knigge-Tipp**

> Bei der Begrüßung ist *«Bonjour, Monsieur/Madame»* immer richtig. Der Familienname wird in der Regel weggelassen. *«Salut»* ist bei guten Bekannten oder Freunden sowie unter Jugendlichen üblich.
> *«Comment allez-vous?»* bzw. *«Ça va?»* (bei Bekannten) dient als Gesprächseinstieg. Die Antwort *«Ça va bien, merci»* ist immer angebracht.
> Franzosen begrüßen nähere Bekannte oft mit Küsschen auf beide Wangen. Männer begrüßen sich untereinander mit Handschlag.

Vorstellung

Bei der Vorstellung bzw. beim Willkommenheißen spielt der erste Eindruck eine wichtige Rolle. Von einem höflichen und freundlichen Verhalten schließt der Gesprächspartner auf weitere positive Verhaltensweisen, wie z.B. Hilfsbereitschaft.

Sich vorstellen

Guten Tag. Ich bin Stefan Meyer.
Bonjour, Monsieur/Madame. Je suis Stefan Meyer.

Ich arbeite für CALTEC.
Je travaille pour CALTEC.

Darf ich mich vorstellen? Mein Name ist *Nicole Löffler.*
Vous me permettez de me présenter? Mon nom est Nicole Löffler.

Entschuldigung, ich habe mich noch gar nicht vorgestellt. Ich bin ...
Excusez-moi. Je ne me suis pas encore présenté/e. Je suis ...

Es tut mir Leid, aber ich habe Ihren Namen vergessen.
Je suis désolé/e, mais j'ai oublié votre nom.

Darf ich Sie nach Ihrem Namen fragen?
Est-ce que je peux vous demander votre nom?

Jemanden vorstellen

Darf ich vorstellen? Dies ist *Herr Falk. Er ist Leiter der Marketing-Abteilung.*
Puis-je faire les présentations? C'est M. Falk. Il est directeur du marketing.

Darf ich Ihnen *Frau Pohl* **vorstellen?** *Sie ist unsere Projektleiterin.*
Puis-je vous présenter Mme Pohl? Elle est notre chef de projet.

Kennen Sie schon Herrn Klein?
Vous connaissez déjà M. Klein?

Es freut mich, Sie kennen zu lernen.	**Enchanté/e de faire votre connaissance.**
Angenehm. *Markus Klein.* – *Ganz meinerseits.*	**Enchanté.** Markus Klein. – Enchanté/e aussi.

Jemanden willkommen heißen

Schön, dass Sie hier sind.	**C'est bien que vous soyez ici.**
Das ist nett von Ihnen, dass Sie gekommen sind.	**C'est gentil à vous d'être venu/e.**
Seien Sie herzlich willkommen.	**Soyez le/la bienvenu/e.**
Ich freue mich, Sie in unserer Firma begrüßen zu dürfen.	Je suis heureux/heureuse de pouvoir vous accueillir dans notre entreprise.
Ich wünsche Ihnen einen schönen Aufenthalt.	Je vous souhaite un bon séjour.
Wenn Sie einen Wunsch haben, zögern Sie nicht, mit uns Kontakt aufzunehmen.	Si vous désirez quelque chose, n'hésitez pas à nous contacter.
Sie können sich jederzeit an uns wenden, wenn Sie noch Fragen haben.	Vous pouvez vous adresser à nous à tout moment, si vous avez encore des questions.

➜➜ **Knigge-Tipp**

- Achten Sie bei der Vorstellung darauf, einen „Haken", d.h. eine Zusatzinformation anzubieten, an die Ihr Gesprächspartner leicht anknüpfen kann, um das Gespräch fortzuführen.
- Merken Sie sich den Namen Ihres Gesprächspartners. So schaffen Sie eine persönliche Atmosphäre.

Wiedersehen von Bekannten

Bei Bekannten ist es leicht, aus dem Stegreif auf indivi-
duelle Besonderheiten einzugehen. Hier bieten sich
bewährte Sätze an, wobei Sie auch auf Gemeinsamkeiten
anspielen können.

Was für ein Zufall, dass wir uns hier wieder sehen.	**Quel hasard de se retrouver ici.**
Wir haben uns ja eine Ewigkeit nicht mehr gesehen.	Ça fait une éternité que nous ne nous sommes pas vus.
Wie lange arbeiten wir jetzt schon zusammen?	Ça fait combien de temps que nous travaillons ensemble?
Das ist schon eine Ewigkeit her.	**Ça fait déjà une éternité.**
Wie geht's Ihnen?	**Comment allez-vous?**
Wie geht's Ihrem Mann? Ich hoffe, es geht ihm gut.	**Comment va votre mari?** J'espère qu'il va bien.
Geht es Ihrer Frau wieder besser?	**Est-ce que votre femme va mieux?**
Wie geht es Ihren Kindern?	Comment vont vos enfants?
Vielen Dank für Ihre Karte aus dem Urlaub.	Merci beaucoup pour votre carte de vacances.
Wie war es in Spanien? Hatten Sie schönes Wetter?	Ça vous a plu en Espagne? Vous avez eu du beau temps?

➜➜ **Französisch-Info**

- *Mir geht es sehr gut.* = **Je vais** très bien.
  Geht es Ihnen wieder besser? = **Vous allez** mieux?
- *Wie gefällt es Ihnen hier?* = **Vous vous plaisez** ici?
  Mir gefällt es sehr gut hier. = **Je me plais** très bien ici.

Haben Sie uns leicht gefunden? Der Weg ist ja etwas kompliziert.

Vous nous avez facilement trouvé? Le chemin est un peu compliqué.

Es gab keine Probleme. Sie haben uns ja den Weg so gut beschrieben.

Il n'y avait pas de problèmes. Vous avez très bien décrit le chemin.

Wie gefällt es Ihnen hier?

Vous vous plaisez ici?

Die Leute sind alle sehr nett.

Les gens sont tous très gentils.

Man kommt schnell mit den Leuten in Kontakt.

On entre facilement en contact avec les gens.

Haben Sie sich schon etwas eingelebt?

Vous vous êtes déjà acclimaté/e un peu?

Haben Sie schon etwas von der Stadt gesehen?

Vous avez déjà visité un peu la ville?

Haben Sie für heute Abend schon etwas vor?

Vous êtes libre ce soir?

Was machen Sie heute Abend?

Qu'est-ce que vous faites ce soir?

Es würde mich freuen, wenn wir nach dem Vortrag gemeinsam essen gehen.

Je serais heureux/heureuse d'aller manger ensemble après la conférence.

Kennen Sie hier ein gutes Restaurant?

Vous connaissez un bon restaurant près d'ici?

Wissen Sie, wo das ist?

Vous savez où c'est?

➜➜ **Knigge-Tipp**

Ergreifen Sie beim Gesprächseinstieg die Initiative. Stellen Sie offene Fragen: „Wie ...?", „Was ...?", „Wo ...?". Dies verschafft Ihrem Gesprächspartner eine größere Freiheit bei der Beantwortung. Vermeiden Sie jedoch, indiskrete Fragen zu stellen.

Wiedersehen von guten Freunden

Hier lässt sicht leicht und ungezwungen an Gemeinsamkeiten anknüpfen. Nehmen Sie in Ihren Fragen Anteil am Leben Ihres Gesprächspartners.

Wie geht's dir so?	**Ça va?**
Danke, ganz gut. Und wie geht's dir?	**Merci, ça va bien. Et toi?**
Ich kann nicht klagen.	Je n'ai aucune raison de me plaindre.
Du siehst aber gut aus. Wie machst du das bloß?	Tu as l'air vraiment bien. Comment tu arrives à faire ça?
Ich habe einen Wellnessurlaub gemacht.	J'ai passé des vacances wellness.
Wie war dein Urlaub?	**Comment ont été tes vacances?**
Spielst du immer noch Tennis?	Tu fais toujours du tennis?
Gehst du immer noch ins Fitnessstudio?	Tu vas toujours au centre de fitness?

➜➜ **Französisch-Info**

- *Ja, jetzt erinnere ich mich.*
  = Oui, maintenant, **je me rappelle**.
  Daran kann ich mich nicht mehr erinnern.
  = Ça, **je ne me rappelle plus**.
- *Wenn ich mich recht erinnere …*
  = Si **je me souviens** bien …
  Können Sie sich noch an ihn / an sie erinnern?
  = **Vous sous souvenez** encore **de** lui / **d'**elle?

Ich habe damit aufgehört. *Es ist mir zu viel geworden.*	Moi, j'ai arrêté ça. Cela m'est devenu pénible.
Was macht die Liebe?	Comment va l'amour?
Ich bin frisch verliebt.	Je suis fraîchement amoureux/amoureuse.

Wie läuft die Arbeit? — **Ça se passe bien au travail?**

Ich habe Michael/Sabrina getroffen. Er/Sie lässt dich vielmals grüßen. — J'ai rencontré Michael/Sabrina. Il/Elle te donne le bonjour.

Hast du noch Kontakt mit ihm /mit ihr? — **Tu es encore en contact avec lui / avec elle?**

Kannst du dich noch an Marc / an Francine **erinnern?** — **Tu te souviens** encore **de** Marc / **de** Francine?

Ich kann mich überhaupt nicht mehr daran erinnern. — **Ça, je ne me rappelle plus du tout.**

Weißt du noch, wie wir unser Examen gefeiert haben? — Tu sais encore comment nous avons fêté notre examen?

Kannst du dich noch daran erinnern? — **Tu t'en souviens encore?**

Oh, erinnere mich nicht daran! — Oh, ne me rappelle pas ça!

Ach ja, jetzt fällt es mir wieder ein. — Ah oui, maintenant, ça me vient à l'esprit.

Das waren noch Zeiten! — C'étaient des temps magnifiques!

➜➜ **Knigge-Tipp**

Ein guter Einstieg in die Unterhaltung ist die Basis für einen erfolgreichen Gesprächsverlauf. Versuchen Sie deshalb, auf Ihr Vorwissen aus der Vergangenheit zurückzugreifen oder auch gemeinsame Erlebnisse aufzufrischen.

Fahrt und Ankunft

Ein Gespräch über die Anreise ist immer ein unkomplizierter Einstieg. Formulieren Sie persönliche Aussagen. Zeigen Sie dem Gesprächspartner, dass Sie mitdenken.

Auto

Hatten Sie eine gute Fahrt?	**Vous avez fait un bon trajet?**
Hatten Sie einen Stau? Normalerweise ist die Autobahn immer voll.	Il y a eu un bouchon? Parce que normalement, l'autoroute est toujours pleine.
Es gab einen 10 Km langen Stau, wegen eines Unfalls.	Il y a eu un bouchon de 10 km à cause d'un accident.
Das Wetter war sehr schlecht. Es hat fast die ganze Zeit geregnet.	Il a fait très mauvais. Il a plu pendant presque tout le temps.
Haben Sie gut hierher gefunden?	**Vous avez facilement trouvé le chemin pour venir ici?**
*Kein Problem. **Ich habe ein Navigationsgerät.***	Pas de problème. **J'ai un système de navigation.**
Es war gar nicht so leicht, einen Parkplatz zu finden.	Il n'était pas facile de trouver une place pour garer ma voiture.

➜➜ **Französisch-Info**

- *mit dem Auto/Zug fahren* = prendre la voiture / le train
- ***mit** dem Auto zur Arbeit fahren* = aller au travail **en** voiture
  ***mit** dem Bus in die Stadt fahren* = aller en ville **en** bus
  ***mit** dem Auto/Zug kommen* = venir **en** voiture / **en** train
- *Ich fahre lieber mit dem Zug / mit dem Auto.*
  = J'aime mieux prendre le train / la voiture.

Bahn

Sind Sie mit dem Auto hier?

Vous êtes venu/e en voiture?

Nein, ich bin mit der Bahn gefahren. Das ist bequemer.

Non, j'ai pris le train. C'est plus commode.

Hatten Sie eine gute Reise?

Vous avez fait bon voyage?

Ich fahre lieber mit dem Zug. Das ist nicht so stressig.

J'aime mieux prendre le train. C'est moins stressant.

Da kann ich auch während der Fahrt arbeiten.

Comme ça, je peux même travailler pendant le trajet.

Der Zug war ziemlich voll. Ich kam gar nicht zum Arbeiten.

Il y avait beaucoup de monde dans le train. Je ne pouvais pas travailler.

Flugzeug

Ich hoffe, Sie hatten einen guten Flug.

J'espère que vous avez eu un vol agréable.

Es ist alles glatt gegangen. Es gab keine Probleme.

Tout s'est bien passé. Il n'y a pas eu de problèmes.

Ja, nur hatte meine Maschine Verspätung.

Oui. Seulement, mon avion a été en retard.

So habe ich den Anschlussflug verpasst.

Comme ça, j'ai manqué ma correspondance.

Das ist mir auch letztes Jahr passiert. Das ist ärgerlich.

Ça m'est arrivé aussi, l'année dernière. C'est ennuyeux.

➜➜ **Knigge-Tipp**

Heben Sie im Gespräch Gemeinsamkeiten hervor. So zeigen Sie Ihrem Gesprächspartner, dass Sie mit ihm auf einer Wellenlänge liegen. Dies schafft eine gute Voraussetzung für eine Fortführung der Bekanntschaft.

Unterbringung und Aufenthalt

Stellen Sie im Smalltalk eine Beziehungsebene zu Ihrem Gesprächspartner her. Zeigen Sie in Ihren Fragen Interesse für ihn, indem Sie auf seine Situation eingehen.

Unterbringung

Sind Sie gut untergebracht?

Est-ce que vous êtes bien logé/e?

Sind Sie mit Ihrem Hotel zufrieden?

Vous êtes content/e de votre hôtel?

Ich finde auch, dass es ein gutes Hotel ist.

Moi aussi, je trouve que c'est un bon hôtel.

Es hat einen ausgezeichneten Ruf. Wir bringen alle unsere Gäste/Kunden dort unter.

Il a une excellente réputation. Nous y logeons tous nos invités/clients.

Ich hoffe, Sie fühlen sich hier wohl.

J'espère que vous vous sentez bien ici.

Ich bin mehr als zufrieden.

Je suis plus que content/e.

Ich muss sagen, der Service ist wirklich sehr gut.

Je dois dire que le service est vraiment très bien.

Das Hotel ist sehr zentral gelegen. Man ist schnell in der Stadt.

L'hôtel est très central. On est vite au centre ville.

Und außerdem ist es gar nicht so weit bis hierhin.

Et puis, ce n'est pas loin jusqu'ici.

Ich bin mit dem Bus / der U-Bahn nach hier gekommen.

J'ai pris le bus / le métro pour venir ici.

Können Sie mir ein gutes Restaurant empfehlen?

Pouvez-vous me recommander un bon restaurant?

Aufenthalt

Sind Sie schon lange hier?	**Ça fait longtemps que vous êtes ici?**
Machen Sie hier Urlaub?	Vous êtes ici en vacances?
Wie gefällt es Ihnen hier? **– Sehr gut. Es ist sehr schön hier.**	**Vous vous plaisez ici?** **– Oui, beaucoup. C'est très joli ici.**
Wie finden Sie diese Stadt?	Comment trouvez-vous cette ville?
– Nicht schlecht. Es gefällt mir sehr gut hier.	**– Pas mal. Je me plais très bien ici.**
Ich fühle mich hier sehr wohl.	Je me sens très bien ici.
Konnten Sie sich die Stadt schon etwas ansehen?	Vous avez déjà pu visiter un peu la ville?
Ich hatte noch keine Zeit für einen Stadtbummel.	Je n'ai pas encore trouvé le temps de faire un tour en ville.
Wenn Sie mal etwas Zeit erübrigen können, lade ich Sie zu einer Stadtrundfahrt ein.	Si vous trouvez un peu de temps, je vous invite à faire un tour de la ville en voiture.
Was gibt es Besonderes zu sehen in der Umgebung?	Qu'est-ce qu'il y a à voir d'extraordinaire aux environs?
Lohnt es sich, dahin zu fahren?	**Ça vaut la peine d'y aller?**

➜➜ **Knigge-Tipp**

Stellen Sie niemals mehr als zwei Fragen hintereinander. So vermeiden Sie den Eindruck, Ihren Gesprächspartner auszufragen. Nehmen Sie lieber erst einmal Stellung zu den Antworten, die Sie erhalten.

Einladung

Eine Einladung ist immer ein erfolgversprechendes Mittel, mit jemandem beruflich oder privat in ein ausführlicheres Gespräch zu kommen oder den Kontakt zu vertiefen.

Ich glaube, wir könnten jetzt mal eine kleine Pause vertragen.

Je crois que nous pourrions faire une petite pause maintenant.

Sollen wir nicht eine Kleinigkeit essen gehen?

Vous êtes d'accord pour manger un petit quelque chose?

Gehen wir doch in die Cafeteria.

On va à la cafétéria, d'accord?

Was halten Sie davon, wenn wir Mittag essen gehen?

Nous pourrions aller déjeuner. Qu'en pensez-vous?

Das wäre sehr gut. Dabei können wir diese Sache noch ausführlicher besprechen.

Ce serait très bien. Comme ça, nous pouvons discuter de ça plus en détail.

Haben Sie für heute Abend schon etwas vor?

Vous êtes libre ce soir?

Wir könnten gemeinsam essen gehen.

Nous pourrions aller dîner ensemble.

Gute Idee. Ich komme sehr gerne.

Bonne idée. Je viens volontiers.

Macht es Ihnen etwas aus, wenn noch zwei andere Kollegen dazukommen?

Ça vous dérange que deux autres collègues viennent aussi?

Kein Problem. Bringen Sie Ihre Kollegen doch einfach mit.

Pas de problème. Amenez vos collègues tout simplement.

Oh, das ist ja ganz gut. Dann können wir unser Gespräch in einem größeren Kreis fortsetzen.	Mais c'est très bien. Comme ça, nous pouvons continuer notre conversation dans un plus grand cercle.
Wir könnten uns heute Abend treffen, wenn es Ihnen passt.	**Nous pourrions nous voir ce soir, si ça vous convient.**
Sagen Sie mir, wann es Ihnen am besten passt.	Dites-moi quand ça vous convient le plus.
Das passt mir sehr gut.	**Ça me convient très bien.**
Vielen Dank für Ihre Einladung.	**Merci beaucoup pour votre invitation.**
Vielen Dank. Das ist sehr freundlich von Ihnen.	Merci beaucoup. C'est très gentil de votre part.
Ich kann leider heute Abend nicht.	**Malheureusement, ça ne va pas ce soir.**
Ich würde sehr gerne kommen, aber ich habe bereits einen Termin, den ich nicht absagen kann.	J'aimerais bien venir, mais j'ai déjà un rendez-vous que je ne peux pas annuler.
Mir ist für dieses Wochenende etwas dazwischengekommen.	J'ai un contretemps pour ce week-end.
Könnten wir den Termin auf Mittwoch verschieben?	Est-ce qu'on pourrait remettre ce rendez-vous à mercredi?

➜➜ **Knigge-Tipp**

> Denken Sie daran, bei privaten Einladungen Kontakt zu allen Anwesenden zu suchen. Lassen Sie andere am Gespräch teilhaben und gehen Sie auf die Gesprächspartner ein. Finden Sie gemeinsame Interessen heraus. Zeigen Sie gute Laune und gehen Sie über eventuelle Missgeschicke hinweg.

Verabschiedung

Es ist immer ratsam, bei der Verabschiedung einen guten Eindruck zu hinterlassen. Dies erleichtert Ihnen wesentlich eine zukünftige Kontaktaufnahme.

Oh, es ist aber schon spät geworden.

Oh, il est déjà tard.

Ich glaube, ich muss mich jetzt auf den Weg machen.

Je crois que je dois me mettre en chemin maintenant.

Da muss ich mich aber beeilen. Ich muss noch meinen Bus erreichen.

Il faut que je me dépêche. Je dois encore avoir mon bus.

Ich muss mich leider schon verabschieden.

Malheureusement, il faut que je vous dise au revoir.

Ich glaube, ich sollte langsam aufbrechen.

Je crois que je devrais partir.

Entschuldigen Sie. Ich muss jetzt leider gehen. Ich habe noch einen wichtigen Termin.

Excusez-moi. Malheureusement, je dois partir maintenant. J'ai encore un rendez-vous important.

Schade, dass Sie schon gehen müssen.

C'est dommage que vous deviez déjà partir.

Schade, dass Sie nicht länger bleiben können.

C'est dommage que vous ne puissiez pas rester plus longtemps.

Ich kann wirklich nicht länger bleiben.

Je ne peux vraiment pas rester plus longtemps.

Ich muss morgen früh raus.

Demain, je dois me lever de bonne heure.

Ich habe morgen einen anstrengenden Tag vor mir.	Demain, j'aurai une journée fatigante.
Vielen Dank für den netten Abend.	**Merci beaucoup pour cette soirée agréable.**
Nochmals vielen Dank für Ihre Gastfreundschaft.	Encore une fois merci beaucoup pour votre hospitalité.
Ich hoffe, es hat Ihnen gefallen.	J'espère que ça vous a plu.
Ich habe mich sehr gefreut, Sie kennen zu lernen.	**Je suis très heureux/ heureuse d'avoir fait votre connaissance.**
Es war schön, Ihren Betrieb ein wenig kennen zu lernen.	C'était bien de connaître un peu votre entreprise.
Auf Wiedersehen. Kommen Sie gut nach Hause.	Au revoir. Rentrez bien.

➜➜ **Französisch-Info**

- **Abschiedsformeln mit Zeitangebe:**
  Au revoir, Monsieur/Madame. A bientôt.
  = *Auf Wiedersehen. Bis bald.*
  A ce soir. / A demain. / A samedi.
  = *Bis heute Abend. / Bis morgen. / Bis Samstag.*

- **Abschiedswunsch:**
  Bonne journée. / Bonne soirée. / Bon week-end.
  = *Schönen Tag noch. / Schönen Abend. / Schönes Wochenende.*
  – Merci, à vous aussi. = – *Danke, gleichfalls.*
  Bonne chance. / Bon courage.
  = *Alles Gute! Viel Glück! / Viel Erfolg!*
  Bon voyage. / Bonne route. / Bonnes vacances.
  = *Gute Reise. / Gute Fahrt. / Schöne Ferien.*

In Kontakt bleiben

Oft es es von Vorteil, die Bekanntschaft mit Ihrem
Gesprächspartner fortzusetzen. Die Kontaktpflege könnte
für Sie sehr nützlich sein. So treten Sie sich in Zukunft
als gute Bekannte gegenüber.

Wir bleiben in Kontakt. | Nous resterons en contact.

Es wäre schön, wenn wir in Kontakt bleiben könnten. | **Ce serait bien si nous pouvions rester en contact.**

Ja, das würde mich freuen. | Oui, ça me ferait plaisir.

Haben Sie meine E-Mail-Adresse? | **Vous avez mon adresse e-mail?**

Habe ich Ihnen schon meine Handynummer gegeben? | Je vous ai déjà donné mon numéro de portable?

Sie können mich am besten unter meiner Handynummer erreichen. | Le mieux est de me joindre par mon numéro de portable.

Sie können mich jederzeit anrufen. | **Vous pouvez m'appeler à tout moment.**

Ich rufe Sie an, sobald ich zurück bin. | Je vous appellerai dès que je serai de retour.

Ich rufe Sie gleich nach der Messe an. | Je vous appellerai tout de suite après la foire.

Ich werde mich spätestens nächste Woche bei Ihnen melden. | Je vous ferai signe la semaine prochaine au plus tard.

Könnten Sie uns ein Angebot schicken? | Pourriez-vous nous envoyer une offre?

Falls Sie Fragen haben, rufen Sie mich einfach an. | Si vous avez des questions, appelez-moi.

Könnten Sie mir ausführlicheres Informationsmaterial hierüber zusenden?

Pourriez-vous m'envoyer une documentation plus détaillée à ce sujet?

Danke für das Angebot. Ich komme gerne darauf zurück.

Merci pour cette offre. J'y reviendrai volontiers.

Die fehlenden Unterlagen schicke ich Ihnen in den nächsten Tagen zu.

Je vous enverrai les documents manquants dans les jours prochains.

Vielleicht ergibt sich einmal die Möglichkeit zu einem ausführlicheren Gespräch.

Peut-être que nous aurons un jour la possibilité d'avoir une conversation plus longue.

Ich hoffe, wir sehen uns bald wieder.

J'espère que nous nous reverrons bientôt.

Es würde mich freuen, wenn wir miteinander ins Geschäft kommen könnten.

Je serais heureux/heureuse que nous fassions des affaires.

➡➡ **Französisch-Info**

- *Es freut mich, dass … / Ich bin froh, dass …*
  = Je suis heureux/heureuse que … *(+ subj.)*
  Ich habe mich sehr gefreut, Sie kennen zu lernen.
  = Je suis très heureux/heureuse d'avoir fait votre connaissance.
  Es/Ich würde mich freuen, wenn …
  = Je serais heureux/heureuse que … *(+ subj.)*

- *Das freut mich.* = Ça me fait plaisir.
  Das würde mich freuen. = Ça me ferait plaisir.
  Ich habe mich sehr darüber gefreut.
  = Ça m'a fait très plaisir.
  Ich habe mich sehr gefreut, Sie kennen zu lernen.
  = Ça m'a fait très plaisir de faire votre connaissance.

TEIL 2: **Leicht und locker beim Smalltalk**

3 Höflichkeiten

Bitten und Danken
Komplimente, Glückwünsche
Interesse, Anteilnahme
Entschuldigung, Versehen

4 Das Gespräch am Laufen halten

Meinung, zustimmen, anderer Meinung sein
An Gesagtes anknüpfen, nachfragen
Das Gespräch aufrechterhalten
Gesprächspausen überbrücken
Das Gespräch beenden

Bitten und Danken

Äußerungen des Bittens und Dankens spielen in allen möglichen Standardsituationen, wie sie jeder tagtäglich erlebt, eine bedeutsame Rolle.

Bitten

Könnten Sie mir bitte helfen? **Pourriez-vous m'aider, s'il vous plaît?**

Entschuldigung, können Sie mir sagen, wo die Konferenz stattfindet? Pardon, Monsieur/Madame, pouvez-vous me dire où a lieu la conférence?

Könnten Sie mir bitte einen Gefallen tun? Pourriez-vous me rendre un service?
– Aber natürlich. / Gerne. – Mais bien sûr. / Volontiers.

Ich habe eine kleine Bitte. **Je peux vous demander un petit service?**

Darf ich Sie etwas fragen? **Je peux vous poser une question?**

Darf ich Sie mal kurz unterbrechen? Est-ce que je peux vous inter-rompre pour une minute?

Darf ich das Fenster schließen? Es ist etwas kühl hier. Est-ce que je peux fermer la fenêtre? Il fait un peu froid ici.

Stört es Sie, wenn ich das Fenster etwas öffne? *Die Luft hier ist wirklich sehr schlecht.* **Est-ce que ça vous dérange que j'ouvre un peu la fenêtre?** L'air est vraiment très vicié.

Ich habe ein kleines Problem. Ich weiß nicht, wie das funktioniert. **J'ai un petit problème. Je ne sais pas comment ça marche.**

Danken

Vielen Dank. Das ist sehr freundlich/nett von Ihnen.	Merci beaucoup. C'est très gentil de votre part.
Vielen Dank für Ihre Hilfe.	Merci beaucoup pour votre aide.
– Gerne. / Schon gut.	– Pas de quoi. / De rien.
Ich danke Ihnen vielmals für Ihre Auskunft. *– Gerne.*	Je vous remercie beaucoup pour votre renseignement. – Pas de quoi.
Vielen Dank, dass Sie mir geholfen haben. *– Nichts zu danken!*	Merci beaucoup de m'avoir aidé/e. – Mais je vous en prie!
Vielen Dank für alles. *– Das ist doch selbstverständlich.*	Merci beaucoup pour tout. – Mais ça va de soi.
Vielen Dank. Sie haben mir wirklich sehr geholfen.	Merci beaucoup. Vous m'avez vraiment beaucoup aidé/e.
Ich bin Ihnen sehr dankbar, dass Sie das für mich getan haben.	Je vous suis très reconnaissant/e d'avoir fait cela pour moi.
Vielen Dank. Aber das wäre doch nicht nötig gewesen.	Merci beaucoup, mais vous n'auriez pas dû.
Ich wäre Ihnen sehr dankbar, wenn Sie mir Bescheid geben könnten.	Je vous serais très reconnaissant/e de m'informer.

➜➜ Französisch-Info

> *Ich bin Ihnen sehr **dankbar**, **dass** Sie ...*
> = Je vous suis très **reconnaissant**/e de **de** *(+inf.)*
> *Ich wäre Ihnen sehr **dankbar**, **wenn** Sie ...*
> = Je vous serais très **reconnaissant**/e de **de** *(+inf.)*

Komplimente, Glückwünsche

Der Smalltalk lebt von einem persönlichen Gesprächsstil. Äußern Sie deshalb Ihre Gefühle bei dem, worüber Sie sprechen. So gewinnen Sie bei Ihrem Gegenüber an Profil.

Komplimente

Kompliment! Das haben Sie wirklich gut gemacht.

Mes compliments! Vous avez fait ça vraiment bien.

Das haben Sie gar nicht so schlecht gemacht.

C'est pas mal ce que vous avez fait.

Das gefällt mir sehr gut, wie Sie das gemacht haben.

Ça me plaît beaucoup, comment vous avez fait ça.

Ihr Vorschlag ist genial!

Votre proposition est géniale!

Das ist gar keine schlechte Idee.

C'est déjà pas mal comme idée.

Auf diese Idee wäre ich alleine nie gekommen.

Je n'aurais jamais eu cette idée-là tout/e seul/e.

Das ist kaum zu glauben, was Sie da geleistet haben.

C'est incroyable, ce que vous avez fait là.

Das ist wirklich phänomenal. Ich hätte das nie hinbekommen.

C'est vraiment phénoménal. Moi, je n'y serais jamais arrivé/e.

Sie haben mir ungeheuer geholfen.

Vous m'avez énormément aidé/e.

Ich weiß nicht, was ich ohne Sie gemacht hätte.

Je ne sais pas ce que j'aurais fait sans vous.

Es ist schön, mit Ihnen zusammenzuarbeiten.

C'est bien de travailler avec vous.

Glückwünsche

Herzlichen Glückwunsch! /   (Mes) Félicitations!
Gratulation! / Ich gratuliere!

Herzlichen Glückwunsch   Bon anniversaire!
zum Geburtstag!

Ich wünsche Ihnen alles Gute   Je vous souhaite un bon
zum Geburtstag.   anniversaire.

Ich habe gehört, Sie haben   On m'a dit que c'est votre
heute Geburtstag.   anniversaire aujourd'hui.
Herzlichen Glückwunsch!   Bon anniversaire!

Herzlichen Glückwunsch zur   Toutes mes félicitations pour
Geburt Ihres Kindes.   la naissance de votre enfant.

Ich gratuliere Ihnen zu Ihrem   Je vous félicite pour votre
Erfolg.   succès.

Ich freue mich, dass Ihre Arbeit   Je suis heureux/heureuse que
so ein Erfolg geworden   votre travail soit devenu
ist.   un tel succès.

Dass dies ein so großer Erfolg   Je n'aurais jamais cru
würde, das hätte ich nie   que cela deviendrait
geglaubt.   un tel succès.

Sie haben Glück gehabt, *dass*   **Vous avez eu de la chance**
alles sehr gut geklappt hat.   que tout se soit très bien
                                      passé.

➜➜   **Knigge-Tipp**

- Vermeiden Sie bei den Komplimenten Allgemeinplätze
  und Platitüden. Seien Sie vorsichtig bei Äußerungen, die
  eine Abwertung beinhalten können.

- Ein Kompliment wird positiv aufgenommen, wenn es ehrlich
  gemeint ist und eine Gemeinsamkeit zwischen Sprecher
  und Angesprochenem herstellt.

Interesse, Anteilnahme

Durch Äußerungen des Interesses und der Anteilnahme
zeigen Sie, dass Sie sich in Ihren Gesprächspartner
hineinversetzen können.

Interesse

Das ist höchst interessant.	**C'est très intéressant.**
Ich finde das sehr interessant.	Je trouve ça très intéressant.
Ich habe gehört, Sie interessieren sich für Internet-Marketing.	On m'a dit que vous vous intéressez au marketing sur Internet.
Es würde mich sehr interessieren, wie Sie das gemacht haben.	**Ça m'intéresserait beaucoup de savoir** comment vous avez fait cela.
Mich interessiert vor allem die Rationalisierung der Produktion.	**Je m'intéresse surtout à** la rationalisation de la production.
Ich wäre sehr daran interessiert, mit Ihrer Firma in Kontakt zu kommen.	**Je m'intéresserais beaucoup à** entrer en contact avec votre entreprise.
Sie haben etwas sehr Interessantes gesagt.	Vous avez dit quelque chose de très intéressant.
Das wird bestimmt viele Leute interessieren.	**Cela intéressera sûrement beaucoup de gens.**

➡➡ **Französisch-Info**

- *Ich **interessiere** mich **für** ...* = Je m'**intéresse à** ...
  Das interessiert mich sehr. = Ça m'intéresse beaucoup.
- *Es **würde** mich sehr **interessieren, wie/wo** ...*
  = Ça m'**intéresserait** beaucoup **de savoir comment/où** ...

Anteilnahme

Das ist (sehr) schade.

C'est (bien) dommage.

Schade, dass Sie umsonst gekommen sind.

C'est dommage que vous soyez venu/e en vain.

– Das macht nichts.

– Ça ne fait rien.

– Das ist nicht schlimm.

– Ce n'est pas grave.

Schade, dass wir nicht noch mehr Zeit haben für unser Gespräch.

C'est dommage que nous n'ayons pas plus de temps pour notre conversation.

Es ist sehr schade, dass Sie unsere Firma verlassen, aber ich respektiere Ihre Entscheidung.

Il est bien dommage que vous quittiez notre entreprise, mais je respecte votre décision.

Das tut mir Leid.

Je suis désolé/e.

Es tut mir sehr Leid, dass Sie so lange warten mussten.

Je suis bien désolé/e que vous ayez dû attendre aussi longtemps.

Ich habe gerade gehört, dass Ihr Mann einen schweren Unfall hatte. Wie geht es ihm?

Je viens d'apprendre que votre mari a eu un grave accident. Comment va-t-il?

Ich weiß, wie das ist, wenn man krank ist.

Je sais bien comment c'est quand on est malade.

Ich kann mir gut vorstellen, wie Sie sich fühlen.

Je peux bien m'imaginer comment vous vous sentez.

➡➡ **Knigge-Tipp**

Lassen Sie sich auf Ihren Gesprächspartner ein. Signalisieren Sie ihm Interesse. Sprechen Sie seine Kompetenz an. So erzeugen Sie Sympathie und motivieren ihn zum Sprechen. Echte Anteilnahme ist ebenfalls ein wirksames Mittel, um Vertrauen zu erwecken.

Entschuldigung, Versehen

Ausdrücke der Entschuldigung sind typisch für einen persönlichen Gesprächsstil. Sie tragen dazu bei, eine positive Beziehungsebene zum Gegenüber beizubehalten.

Entschuldigung

Entschuldigen Sie, dass ich zu spät komme. Ich bin aufgehalten worden.

Excusez-moi d'être en retard. On m'a retenu/e.

Es tut mir furchtbar Leid, dass Sie so lange warten mussten, aber ich war noch in einer Besprechung.

Je suis bien désolé/e que vous ayez dû attendre aussi longtemps, mais j'ai été en réunion.

– Das macht nichts.
– Das ist nicht schlimm.

– Ça ne fait rien.
– Ce n'est pas grave.

Es tut mir Leid, das ist mein Fehler.

Je suis désolé/e, c'est ma faute.

Sie brauchen sich nicht zu entschuldigen.

Ce n'est pas la peine de vous excuser.

Ich bitte vielmals um Entschuldigung.

Je vous demande mille fois pardon.

Ich möchte mich bei Ihnen entschuldigen.
Das war keine böse Absicht.

Je voudrais m'excuser auprès de vous.
Je ne l'ai pas fait exprès.

Entschuldigen Sie die Störung.

Excusez-moi de vous déranger.

Es tut mir Leid, dass ich Sie störe, aber ich bräuchte Ihre Hilfe.

Je suis désolé/e de vous déranger, mais j'aurais besoin de votre aide.

Entschuldigen Sie, wenn ich Sie unterbreche.

Excusez-moi de vous interrompre.

Versehen

Oh, da habe ich mich vertan. | Oh, là, j'ai fait une erreur.

Entschuldigen Sie die Verwechslung. | Alors excusez mon erreur.

Ich habe Ihnen ein falsches Datum genannt. Das richtige Datum ist der 5. Mai. | Je vous ai indiqué une mauvaise date. La bonne date, c'est le 5 mai.

Ich habe mich im Datum geirrt. | **Je me suis trompé/e de date.**

Ich habe Sie falsch verstanden. | Je vous ai mal compris/e.

Das ist ein Missverständnis. | **C'est un malentendu.**
Entschuldigen Sie vielmals. | Excusez-moi mille fois.

Entschuldigen Sie, ich habe ganz vergessen, Sie anzurufen. Das ist mir sehr peinlich. | Excusez-moi, j'ai tout à fait oublié de vous téléphoner. Cela m'est bien désagréable.

Es tut mir Leid, dass ich Sie nicht informiert habe. | Je suis désolé/e de ne pas vous avoir informé/e.

Wo waren Sie heute Morgen um 9 Uhr? Ich habe vergeblich auf Sie gewartet. | Où avez-vous été ce matin, à neuf heures? Je vous ai attendu/e en vain.

– Ich dachte, wir wollten uns um 15 Uhr treffen. Das tut mir aber Leid. | – Je pensais que nous voulions nous voir à 15 heures. J'en suis bien désolé/e.

➜➜ **Französisch-Info**

- *Ich brauche Ihre Hilfe.* = **J'ai besoin de** votre aide.
  Ich brauche das nicht. = Je n'**en** ai pas besoin.
- *Sie brauchen sich nicht zu entschuldigen.*
  = **Ce n'est pas la peine de** vous excuser.

Meinung, zustimmen, anderer Meinung sein

Zum persönlichen Gesprächsstil gehören auch persönliche Formulierungen wie *«Je crois que ...»*. Dadurch wirken Sie selbstsicher. Vermeiden Sie unpersönliche Formulierungen mit *«On ... »*, *«Nous ...»*. Dies erweckt den Eindruck von Unsicherheit.

Meinung

Ich meine, das müsste möglich sein.	**Je pense que cela devrait être possible.**
Ich glaube, das stimmt.	**Je crois que c'est vrai.**
Ich glaube nicht, dass das stimmt.	**Je ne crois pas que ce soit vrai.**
Ich bin der Meinung, wir sollten noch etwas warten.	Je suis d'avis que nous devrions encore attendre.
Ich persönlich würde das nicht tun.	**Moi personnellement, je ne ferais pas cela.**
Meiner Meinung nach muss das problemlos funktionieren.	A mon avis, ça doit marcher sans problème.
Ich würde sagen, das ist nichts Neues.	Moi, je dirais que ce n'est rien de nouveau.
Wenn Sie mich fragen, ich finde das sehr gut.	**Si vous voulez mon avis personnel, je trouve ça très bon.**
Ich verstehe nichts davon, aber ich nehme an, dass das stimmt.	Je n'y comprends rien, mais je suppose que c'est vrai.
Ich habe das Gefühl, hier stimmt etwas nicht.	**J'ai l'impression qu'**il y a quelque chose qui ne va pas.

Zustimmen

Das stimmt.	C'est vrai.
Da haben Sie Recht.	Là, vous avez raison.
Da stimme ich Ihnen völlig zu.	Là, je suis tout à fait d'accord avec vous.
Ich bin völlig Ihrer Meinung.	Je suis tout à fait de votre avis.
Das ist auch meine Meinung.	C'est aussi mon opinion.

Anderer Meinung sein

Ich weiß nicht. Ich sehe das etwas anders.	Je ne sais pas. Je vois cela un peu autrement.
Ich bin da anderer Ansicht.	Là, je suis d'un autre avis.
Sind Sie sicher?	Vous en êtes sûr/e?
Meinen Sie wirklich, dass das so einfach ist?	Vous croyez vraiment que ce soit aussi simple?
Ich bin nicht ganz Ihrer Meinung.	Je ne suis pas tout à fait de votre avis.
Ehrlich gesagt, ich kann Ihnen da nicht ganz zustimmen.	Franchement, je ne peux pas être tout à fait d'accord avec vous.
Ich fürchte, ich kann Ihnen da nicht zustimmen.	Je crains de ne pas être d'accord avec vous là-dessus.

➜➜ **Knigge-Tipp**

Seien Sie immer aufgeschlossen gegenüber der Meinung Ihres Gesprächspartners. Auch wenn Sie anderer Meinung sind, drücken Sie diese rücksichtsvoll aus. So sind Sie sich der Sympathie Ihres Gegenübers sicher.

An Gesagtes anknüpfen, nachfragen

Gut zuhören ist im Gespräch sehr wichtig. So können Sie jederzeit an einen Gedanken Ihres Gesprächspartners anknüpfen bzw. näher nachfragen.

An Gesagtes anknüpfen

Sie haben gerade gesagt, Sie wollen sich beruflich verändern. Was haben Sie denn vor, wenn ich fragen darf.

Vous avez dit que vous vouliez changer de profession. Qu'est-ce que vous comptez faire si j'ose vous le demander.

Sie haben vorhin von Quimper *erzählt.* Das erinnert mich an meinen letzten Aufenthalt in der Bretagne.

Tout à l'heure, vous avez parlé de Quimper. Ça me rappelle mon dernier séjour en Bretagne.

Wenn ich Sie richtig verstanden habe, sind Sie gegen dieses Projekt.

Si je vous ai bien compris/e, vous êtes contre ce projet.

Wenn ich mich recht erinnere, haben Sie gesagt, wir sollten diesen Termin aufschieben.

Si je me souviens bien, vous avez dit que nous devrions remettre cette date.

Nachfragen

Das war ein interessanter Vortrag. ***Was meinen Sie?***

C'était un exposé intéressant. **Qu'en pensez-vous?**

Was meinen Sie zu *diesem Thema?*

Quel est votre avis sur ce sujet?

Meinen Sie nicht, dass die Zeit drängt?

Ne pensez-vous pas que le temps presse?

Glauben Sie, dass *das realistisch ist?*

Croyez-vous que cela soit réaliste?

Ich habe gehört, dass dieses Projekt sehr schwer zu realisieren ist. *Sehen Sie das auch so?*

J'ai appris que ce projet est très difficile à réaliser. **Est-ce que vous êtes du même avis?**

Wie kommen Sie darauf?

Qu'est-ce qui vous a donné cette idée?

Könnten Sie mir das näher erklären?

Pourriez-vous m'expliquer ça en détail?

Wie meinen Sie das? / Was meinen Sie damit?

Qu'est-ce que vous voulez dire par là?

Ich frage mich, wie Sie das schaffen, ein normales Leben zu führen.

Je me demande comment vous arrivez à mener une vie normale.

Wie haben Sie das gemacht, mit dem Rauchen aufzuhören?

Comment avez-vous fait pour arrêter de fumer?

Ich wollte Sie schon immer fragen, was Sie von diesem Projekt halten.

J'ai toujours voulu vous demander ce que vous pensez de ce projet.

Wie kommt es, dass Sie noch Zeit haben, Sport zu treiben?

Comment ça se fait que vous avez encore le temps de faire du sport?

Ich weiß nicht mehr, was ich machen soll. Könnten Sie mir einen guten Rat geben?

Je ne sais plus quoi faire. Pourriez-vous me donner un bon conseil?

➜➜ **Knigge-Tipp**

- Tragen Sie dazu bei, das Gespräch in Gang zu halten. Gehen Sie auf das Gesagte ein. So öffnen Sie Ihren Gesprächspartner und geben ihm die Möglichkeit, Ihnen Näheres zu erzählen.
- Hören Sie bei den Antworten gut zu und nutzen Sie diese als Sprungbrett für weitere Themen.

Das Gespräch aufrechterhalten

Ein angenehmer Gesprächsverlauf muss in Fluss gehalten werden. Ein lockerer positiver Grundton trägt entscheidend zum Gelingen des Smalltalks bei.

Das wollte ich auch sagen.

C'est ce que je voulais dire aussi.

Das muss schwierig gewesen sein. Mir ist dasselbe passiert.

Cela a dû être difficile. Il m'est arrivé la même chose.

Ich wollte Ihnen nur sagen, dass alles gut gegangen ist.

Je voulais seulement vous dire que tout allait bien.

*Apropos, **was ich Ihnen noch sagen wollte.** Wir müssten noch einen Termin vereinbaren.*

A propos, **ce que je voulais vous dire,** c'est que nous devrions encore fixer un rendez-vous.

Ich frage mich, warum man uns nicht informiert hat.

Je me demande pourquoi on ne nous a pas informés.

Ich verstehe nicht, warum das nicht geht.

Je ne comprends pas pourquoi ça ne marche pas.

Es ist klar, dass das viel Zeit in Anspruch nimmt.

Il est évident que ça prendra beaucoup de temps.

Ich bin absolut sicher, dass das funktioniert.

Je suis absolument sûr/e que ça marchera.

Soviel ich weiß, müsste das möglich sein.

Autant que je sache, ça devrait être possible.

Ich halte es für das Beste, wenn wir noch einmal darüber reden.

Je crois que le mieux est d'en parler encore une fois.

Man darf nicht vergessen, dass dies sehr kompliziert ist.

Il ne faut pas oublier que c'est très compliqué.

Es scheint, dass die
Entscheidung schon
gefallen ist.

Il semble que la décision
soit déjà prise.

Es kann gut sein, dass das
etwas dauert.

Il est bien possible que ça
dure un eu.

Ich glaube, das hängt damit
zusammen, dass die
Konkurrenz sehr groß ist.

Je crois que c'est parce que
la concurrence est très
forte.

Das bedeutet, dass wir noch
mehr investieren müssen.

Ça signifie que nous devons
investir davantage.

Das hängt davon ab, was wir
machen müssen.

Ça dépend de ce que nous
avons à faire.

Wie erklären Sie sich, dass
die Dinge nicht so laufen,
wie wir uns das vorgestellt
haben?

Comment expliquez-vous que
les choses ne marchent pas
comme nous avons
imaginé?

Sollten wir nicht noch einmal
ausführlich über diese Dinge
sprechen?
Was halten Sie davon?

Est-ce qu'on ne devrait pas
reparler en détail
de ces choses-là?
Qu'en pensez-vous?

Sie können davon ausgehen,
dass diese Information
stimmt.

Vous pouvez supposer que
cette information est
correcte.

➜➜ **Knigge-Tipp**

Um ein Gespräch in Fluss zu halten, bieten sich bestimmte
rhetorische Tricks an:
- Nehmen Sie Begriffe auf, die Ihr Gesprächspartner
  offensichtlich gerne verwendet.
- Vermeiden Sie direkten Widerspruch. Verwenden Sie statt
  des Wortes *„mais"* behutsamere Wendungen.
- Vermeiden Sie allgemeine Gesprächsfloskeln. Reden Sie
  Klartext.

Gesprächspausen überbrücken

Gesprächspausen können bedrückend sein, wenn sie zu lange dauern. Um das Gespräch wieder in Gang zu bringen, versuchen Sie es mit einer Frage, bei der es Ihrem Gegenüber leicht fällt, ausführlich zu antworten.

Aufhänger

Hat jemand von Ihnen die Sendung „..." gestern Abend im Fernsehen gesehen?

Est-ce que quelqu'un d'entre vous a vu l'émission «...» hier soir à la télé?

Jch habe gerade das neue Buch von ... gelesen. Kennt jemand von Ihnen das Buch auch schon?

Je viens de lire le nouveau livre de ... . **Est-ce que quelqu'un d'entre vous connaît** aussi ce livre?

Mit dem Wetter haben wir ja in der letzten Zeit Glück gehabt.

Ces derniers temps, nous avons eu de la chance avec le temps.

Ich habe in der Zeitung gelesen, dass jeder zum Klimaschutz beitragen muss.

J'ai lu dans le journal que chacun doit contribuer à la protection du climat.

Bei guten Bekannten

Wie läuft es so bei deiner Arbeit?

Comment ça se passe à ton travail?

Was macht die Familie?

Comment va ta famille?

Weißt du was Neues von Marc/ Nicole? Ich habe schon lange nichts mehr von ihm/ihr gehört.

Tu as des nouvelles de Marc / de Nicole? Je n'ai pas de ses nouvelles depuis longtemps.

Ihr wart doch letzten Sommer in Kanada. Wie hat es euch da gefallen? Erzähl doch mal.

Vous êtes allés au Canada l'été dernier. **Vous vous êtes plus?** Raconte un peu.

Du bist doch im Marketing tätig. Was machst du da so?

Je crois que tu travailles dans le marketing. Qu'est-ce que tu fais là?

Ich habe gehört, *du bist umgezogen. Das war bestimmt mit viel Arbeit verbunden.*

On m'a dit que tu as déménagé. Ça t'a sûrement causé beaucoup de travail.

Bei losen Bekannten / Geschäftspartnern

Ich habe gehört, Sie arbeiten in der Automobilbranche.

On m'a dit que vous travaillez dans le secteur automobile.

Stimmt es, dass *Sie für Ihre Firma einige Jahre in China tätig waren? Da haben Sie bestimmt interessante Erfahrungen gemacht.*

C'est vrai que vous avez travaillé en Chine pendant quelques années pour votre entreprise? Vous avez sûrement fait des expériences intéressantes.

Es würde mich brennend interessieren, *etwas darüber zu erfahren.*

Ça m'intéresserait beaucoup d'en apprendre quelque chose.

Sie wohnen doch auf dem Land. **Stört Sie das nicht, dass Sie** *immer weite Wege in Kauf nehmen müssen?*

Vous vivez à la campagne, n'est-ce pas? **Ça ne vous gêne pas** d'avoir toujours de longs chemins à faire?

➔➔ **Knigge-Tipp**

Es gibt einige Tricks, um ein stockendes Gespräch wieder in Gang zu bringen:
- Sprechen Sie das Thema „Reisen" an. Hier kann jedermann spontan etwas erzählen.
- Reden Sie Ihren Gesprächspartner als Experten für ein bestimmtes Gebiet an.
- Fordern Sie Ihr Gegenüber zum Erzählen auf, indem Sie sich auf eine vorher gegebene Information beziehen.

Das Gespräch beenden

Es ist eine Kunst zu wissen, wann und wie man den Smalltalk beenden sollte. Es reichen in der Regel fünf bis fünfzehn Minuten, um das Ziel des Smalltalks, das gegenseitige Kennenlernen, zu erreichen. Dann können Sie entscheiden, ob Sie eine Fortsetzung des Kontaktes wünschen oder nicht.

Sie möchten sicherlich noch mit anderen Gästen sprechen.

Vous voulez certainement encore parler avec d'autres invités.

Ich möchte Sie aber nicht länger aufhalten.

Je ne voudrais pas vous retenir plus longtemps.

Ich sehe gerade, es ist schon zehn vor acht. Ich habe noch ein paar Minuten.

Je vois justement qu'il est déjà huit heures moins dix. J'ai encore quelques minutes.

Oh, ich glaube, wir müssen unser Gespräch unterbrechen. Ich werde gerade von einem Kollegen verlangt.

Oh, je crois que nous devons interrompre notre conversation. Il y a un collègue qui aimerait justement me parler.

Wir sehen uns bestimmt im Laufe des Abends noch einmal wieder.

Nous nous reverrons sûrement au cours de la soirée.

Vielleicht können wir unsere Unterhaltung etwas später fortsetzen.

Peut-être que nous pourrons continuer notre conversation un peu plus tard.

Wir können dies vielleicht ein anderes Mal fortführen.

Nous pouvons peut-être reprendre cela à un autre moment.

Es bietet sich sicher noch einmal eine Gelegenheit, unser Gespräch fortzusetzen.

Je suis sûr/e qu'il y aura une autre occasion de continuer notre conversation.

Es wäre schön, wenn wir noch einmal darauf zurückkommen könnten.

Ce serait bien si nous pouvions y revenir encore une fois.

Wenn Sie möchten, kann ich Ihnen gerne meine E-Mail-Adresse geben.

Si vous voulez, je peux vous donner mon adesse e-mail.

Vielen Dank für das sehr nette Gespräch.

Merci beaucoup pour cette conversation bien agréable.

Es war ein informatives Gespräch. Ich habe viele wichtige Dinge erfahren.

C'était une conversation informative. J'ai appris beaucoup de choses importantes.

Unser Meinungsaustausch war sehr interessant.

Notre échange de vues était très intéressant.

Ich habe mich sehr gefreut, Sie kennen zu lernen.

Ça m'a fait très plaisir de faire votre connaissance.

Ich wünsche Ihnen noch einen schönen Tag/Abend.

Je vous souhaite une bonne journée/soirée.

➜➜ **Knigge-Tipp**

- Brechen Sie das Gespräch nach 5 bis spätestens 15 Minuten erst einmal ab, auch wenn Ihnen der Gesprächspartner sehr sympathisch erscheint. Bedanken Sie sich für die nette Unterhaltung.

- Wenn Sie mit Ihrem Gesprächspartner Geschäftliches zu besprechen haben, steigen Sie nach dieser Zeit auf Ihr geschäftliches Thema um.

Vermeiden Sie:

- *Heikle Themen:*
  Politik, Religion und Weltanschauung, die eigenen
  Moral- und Wertvorstellungen
- *Tabuthemen:*
  Geld und persönlicher Besitz, Krankheit und
  seelische Krisen, Familienverhältnisse,
  Klatsch und Tratsch über nicht anwesende Dritte

TEIL 3: Themen, bei denen jeder mitreden kann

5 Die Top-Themen

Wetter
Wohnen
Familie, Partnerschaft, Singleleben
Beruf, beruflicher Werdegang
Sport
Hobbys
Urlaub und Reisen
Essen und Trinken
Kultur und Events
Computer, Internet und Co.
Haustiere
Garten
Autos

Wetter

Das Wetter ist ein unerschöpfliches Thema, zu dem jeder etwas zu sagen hat. Es ist ein hervorragender Einstieg in den Smalltalk.

Schönes Wetter

Endlich mal schönes Wetter!
*Da fühlt man sich doch
gleich viel besser.*

Enfin, il fait beau!
On se sent beaucoup mieux
comme ça.

*Das schöne Wetter muss man
ausnutzen. Wer weiß, wie
lange das noch anhält.*

**Il faut profiter du beau
temps.** On ne sait pas
combien de temps ça
durera?

*Wann wird es endlich mal
Sommer? Es hat lange
genug geregnet.*

Quand est-ce que l'été
arrivera enfin? Il a plu
assez longtemps.

*Wir hatten jetzt 4 Wochen
schönes Wettter. Da können
wir uns nicht beklagen.*

Ça fait quatre semaines que
nous avons eu du beau
temps. Nous n'avons aucune
raison de nous plaindre.

*Die letzten Tage waren viel zu
warm für diese Jahreszeit.*

Ces derniers jours, il a fait
beaucoup trop chaud
pour cette saison.

Die Hitze mag ich gar nicht.
*Ich fühle mich am wohlsten
bei 22 Grad.*

**Moi, je n'aime pas du tout
la chaleur.** Je me sens
le mieux à 22 degrés.

*So eine lange Hitzeperiode
hatten wir noch nie.*

Nous n'avons jamais eu
une période de grande
chaleur aussi longue.

*Es ist gerade richtig warm
für ein kühles Bier.*

Il fait justement chaud comme
il faut pour boire une bière
fraîche.

Schleches Wetter

Ich habe das Schmuddelwetter langsam satt.	**J'en ai assez de ce sale temps.**
Ich hatte gehofft, der Regen würde jetzt aufhören.	J'avais espéré que la pluie se terminerait.
Sind Sie auch nass geworden?	**Vous vous êtes mouillé/e vous aussi?**
Wenn ich das gewusst hätte, hätte ich meinen Schirm mitgenommen.	Si j'avais su ça, j'aurais emporté mon parapluie.
Ich mag den Wind überhaupt nicht.	Moi, je n'aime pas du tout le vent.
Heute stürmt es aber ganz gewaltig. Hoffentlich hört das bald auf.	Aujourd'hui, il y a une terrible tempête. J'espère que ça se terminera bientôt.
Mir macht schlechtes Wetter nichts aus.	**Moi, je n'ai pas de difficultés avec le mauvais temps.**
Für mich ist der Winter die schönste Jahreszeit.	Pour moi, l'hiver est la plus belle saison.
Heute ist es aber kalt! *Ich bin richtig durchgefroren.*	**Aujourd'hui, il fait vraiment froid.** Je suis complètement gelé/e.
Macht Ihnen die Kälte nichts aus?	Vous n'avez pas de difficultés avec le froid?

➡➡ **Knigge-Tipp**

- Sie sollten nicht nur allgemein über das Wetter sprechen, sondern vielmehr darüber, wie es Ihren Alltag beeinflusst.
- Das Thema „Wetter" bietet viele Gesprächsvarianten: Wochenendwetter, Sommerzeit, Klimaanlage, Garten, Klimawandel.

Wohnen

Die heimische Umgebung bietet eine vielfältige Möglichkeit zu einem ungezwungenen Gespräch. Dabei können Sie nach Belieben die eigenen Gegebenheiten mit denen Ihres Gegenübers vergleichen.

Wohnen auf dem Land

Sie haben mir mal gesagt, **Sie seien aufs Land gezogen.**

Vous m'avez dit que **vous étiez allés vivre à la campagne.**

Für Ihre Kleinen ist es bestimmt ganz toll, wenn sie Tiere um sich haben.

Pour vos petits enfants, c'est sûrement super d'avoir des animaux autour d'eux.

Sie haben bestimmt ganz guten Kontakt zu Ihren Nachbarn.

Vous avez sûrement un bon contact avec vos voisins.

Wir haben Anschluss gefunden, aber das hat einige Zeit gedauert.

Nous nous sommes fait des connaissances, mais ça a duré un certain temps.

Für unsere Kinder **war es überhaupt kein Problem, in Kontakt zu kommen.**

Pour nos enfants, **ce n'était pas un problème d'entrer en contact.**

Die Stadt vermissen wir überhaupt nicht.

La ville ne nous manque pas du tout.

Ich brauche fast 1 Stunde zum Büro. *Aber das nehme ich gerne in Kauf.*

Je mets presque une heure pour aller à mon bureau. Mais ça, je l'accepte volontiers.

Ich hätte nie gedacht, dass wir uns auf dem Land so wohl fühlen.

Je n'aurais jamais pensé que nous nous plaisions tellement bien à la campagne.

Wohnen in der Stadt

Für mich wäre das Landleben nichts. Ich brauche die Großstadt.	La vie à la campagne ne me plairait pas. J'ai besoin de vivre dans une grande ville.
Wir wohnen im Stadtzentrum. *Wir haben eine schöne Altbauwohnung.*	**Nous habitons au centre ville.** Nous avons un bel appartement dans un immeuble ancien.
*Wir haben auch schon mal daran gedacht, **eine Eigentums-wohnung zu kaufen.***	Nous aussi, nous avons déjà eu l'idée d'**acheter un apparte-ment en copropriété.**
Fehlt Ihnen denn nicht der Garten?	Est-ce que le jardin ne vous manque pas?
Nein, überhaupt nicht. Wir haben einen großen Balkon. Das reicht uns.	Non, absolument pas. Nous avons un grand balcon. Ça nous suffit.
*Es ist schwer, **eine preiswerte Wohnung zu finden.***	Il est difficile de **trouver un appartement bon marché.**
*In München **ist das genauso.** Ich habe auch lange gesucht.*	A Munich, **c'est pareil.** Moi aussi j'ai longtemps cherché.
Wo wohnen Sie denn gnau?	Où est-ce que vous habitez exactement?
Ah, schön. Da würde es mir auch gefallen.	Ah, c'est bien. Là, je me plairais aussi.

➜➜ **Knigge-Tipp**

> Wenn Ihr Gegenüber eine andere Art zu wohnen bevorzugt als Sie, versuchen Sie nicht, ihn zu belehren, welche Art zu wohnen die beste ist. Interessieren Sie sich lieber für seine Gründe und sagen Sie ihm, dass Sie seine Auffasunng für überlegenswert halten.

Familie, Partnerschaft, Singleleben

Das Thema „Familie" ist immer aktuell und beschäftigt die allgemeine menschliche Neugier. Es ist jedoch ratsam, hierbei eine gewisse Zurückhaltung im Kommunikationsverhalten walten zu lassen.

Familie

Ich bin ein richtiger Familienmensch.

La vie de famille m'est extrêmement important.

Es ist gar nicht so einfach, **Familie und Beruf unter einen Hut zu bringen.**

Il n'est pas du tout facile de **concilier famille et profession.**

Das kann manchmal ganz schön stressig sein.

Parfois, ça peut être bien stressant.

Man muss flexibel sein.

Il faut être bien flexible.

Es ist ziemlich schwer, einen Krippenplatz zu finden.

Il est assez difficile de **trouver une place à la crèche.**

Kinder brauchen immer jemanden, der für sie da ist.

Les enfants ont toujours besoin de quelqu'un qui s'occupe d'eux.

Wir haben Glück mit unserem Arbeitsplatz. Wir können uns beide um unsere Kinder kümmern.

Nous avons de la chance avec notre emploi. Nous pouvons nous occuper de nos enfants tous les deux.

Zur Zeit bin ich nur am Wochenende zu Hause. Das ist nicht ideal.

En ce moment, **je ne suis chez moi que le weeek-end.** Ce n'est pas idéal.

Gott sei Dank sind meine Eltern noch so fit, dass sie sich selbst versorgen können.

Heureusement que mes parents sont encore en mesure de s'occuper d'eux-mêmes.

Partnerschaft, Singleleben

Ich bin Alleinerziehende mit 2 Kindern.	Je suis parent isolé avec deux enfants.
Ich muss meinen Tag gut durchorganisieren.	**Je dois bien organiser ma journée.**
Ich habe alles ganz gut im Griff.	J'ai tout bien réglé.
Ich bin beruflich viel unterwegs.	**Je suis beaucoup en route professionnellement.**
Mein/e Partner/in arbeitet im Ausland. Er/Sie kommt nur zwei Mal im Monat nach Hause.	Mon/Ma partenaire travaille à l'étranger. Il/Elle ne rentre que deux fois par moi.
Da ist es nicht einfach, eine Partnerschaft zu leben.	Comme ça, il n'est pas facile de mener une vie commune.
Die Familie leidet darunter.	La famille en souffre.
*Sooft es geht, **nehme ich mir Zeit für meine Kinder.***	Aussi souvent que c'est possible, **je me prends du tremps pour mes enfants.**
*Heute **verlangt** der Arbeitsmarkt von jedem **mehr Mobilität und Flexibilität.***	Aujourd'hui, le marché du travail **exige** de chacun **plus de mobilité et de flexibilité.**
Als Single hat man es in diesem Punkt etwas leichter.	Comme personne seule, on a moins de difficultés sur ce point.

➜➜ **Knigge-Tipp**

> Beim Thema „Familie und Partnerschaft" sollten Sie generell nur positive bzw. neutrale Aussagen machen. Es sollten nur Fakten sein, die auch jeder andere wissen darf.
> Breiten Sie keine Probleme aus. Erzählen Sie keine Intimitäten.

Beruf, beruflicher Werdegang

Beruf und beruflicher Werdegang sind bei interessierten Gesprächspartnern ein ergiebiges Thema für den Smalltalk. Hier lässt sich zwanglos über Lebenspläne, Motivation und Erfolg sprechen.

Beruf

Was machen Sie beruflich?

Qu'est-ce que vous faites dans la vie?

Da haben Sie ja eine Menge zu tun.

Là, vous avez vraiment beaucoup à faire.

Wie schaffen Sie das bloß?

Comment est-ce que vous arrivez à faire tout ça?

Da haben Sie aber viel Verantwortung.

Là, vous avez vraiment beaucoup de responsabilité.

Ich kann mir gut vorstellen, dass das gar nicht so einfach ist.

Je peux bien m'imaginer que ce n'est pas si facile que ça.

Mein Beruf ist sehr stressig geworden.

Ma profession est devenue très stressante.

Am Anfang habe ich mit viel Idealismus gearbeitet.

Au début, j'ai travaillé avec beaucoup d'idéalisme.

Aber die Realität hat mich schnell eingeholt.

Mais la réalité m'a vite rattrapé/e

In der heutigen Zeit muss man in seinem Beruf schon großes Engagement zeigen.

Aujourd'hui, il faut montrer beaucoup d'engagement dans sa profession.

Mein Mann / Meine Frau hat zum Glück viel Verständnis für meine Situation.

Heureusement que mon mari / ma femme comprend bien ma situation.

Beruflicher Werdegang

Ich habe Betriebswirtschaft studiert. Danach habe ich mich auf Außenhandel spezialisiert.

J'ai fait des études de gestion. Puis, je me suis spécialisé/e dans le commerce extérieur.

Das ist halt so in der heutigen Zeit. Es geht einfach nicht ohne berufliche Weiterbildung.

C'est comme ça aujourd'hui. Ça ne marche pas sans perfectionnement professionnel.

Ja, das stimmt. **Man hat schnell den Anschluss verpasst,** wenn man sich nicht ständig weiterbildet.

Oui, c'est vrai. **On a vite perdu le contact** si on ne se perfectionne pas sans cesse.

Unsere Firma hat vor kurzem 10 neue Ausbildungsplätze zur Verfügung gestellt.

Il y a peu de temps, notre entreprise a offert dix nouvelles places d'apprenti.

Der Wirtschaft geht es wieder besser.

L'économie va mieux.

Ich bin froh, dass mein Sohn / meine Tochter einen Aus- bildungsplatz gefunden hat.

Je suis content que mon fils/ ma fille ait trouvé une place d'apprenti.

Man ist einfach beruhigt, wenn man weiß, dass die Kinder auf einem guten Weg sind.

On est tout simplement rassuré si on sait que les enfants sont sur la bonne voie.

➜➜ **Knigge-Tipp**

- Auch bei diesem Thema ist es ganz wichtig, einfühlsam auf das Berufsleben Ihres Gesprächspartners einzugehen. So tragen Sie dazu bei, dass sich Ihr Gegenüber im Gespräch mit Ihnen wohlfühlt.
- Das Einkommen ist allerdings ein Tabuthema.

Sport

Sport ist ein ideales Thema für den Smalltalk. Im Allge-
meinen ist es nicht schwer, über seinen Lieblingssport
ausführlich zu sprechen. Hier lassen sich auch die Gründe
nennen, warum man eine bestimmte Sportart betreibt.

---

*In letzter Zeit fühle ich mich
nicht mehr so fit.*

**Ces derniers temps, je ne me
sens plus en forme.**

*Ich sitze den ganzen Tag über
im Büro.*

Je suis au bureau pendant
toute la journée.

Ich habe zu wenig Bewegung.

Je faut que je prenne
de l'exercice.

*Ich habe mir angewöhnt,
die Treppe zu benutzen und
nicht den Lift zu nehmen.*

J'ai pris l'habitude de prendre
l'escalier au lieu
de l'ascenseur.

**Ich muss unbedingt wieder
Sport treiben.**

**Il faut absolument que je
recommence à faire
du sport.**

**Ich habe schon daran gedacht,
ins Fitnessstudio zu gehen.**

**J'ai déjà eu l'idée d'aller
au centre de fitness.**

*Seit der WM bin ich ein
richtiger Fußballfan
geworden.*

Depuis la Coupe du Monde,
je suis devenu/e un grand
supporter de football.

*Sie sagen, Sie spielen drei Mal
die Woche Tennis.*

Vous dites que vous jouez
au tennis trois fois
par semaine.

*Alle Achtung! Wo nehmen Sie
nur die Zeit her?*

Chapeau! Comment faites-vous
pour avoir le temps
de faire ça?

*Ich gehe bei jedem Wetter
auf den Golfplatz.*

Je fais du golf par tous les
temps.

Das ist ja gar nicht so schlecht, um sich abzuhärten.

Ça, ce n'est pas mal pour s'endurcir.

Ich würde so gerne wieder reiten gehen. Aber mein Rücken macht mir Probleme.

J'aimerais bien recommencer à faire du cheval. Mais mon dos me fait mal.

Bei uns machen immer mehr Leute Nordic-Walking.

Chez nous, il y a de plus en plus de gens qui font du nordic walking.

Ich würde das auch gerne machen. Ich muss nur noch meine Freundin überzeugen mitzumachen.

J'aimerais bien faire ça, moi aussi. Je dois seulement persuader mon amie de m'accompagner.

Ich schwimme für mein Leben gern.

J'aime la natation par-dessus tout.

Fürs Schwimmen nehme ich mir immer Zeit.

Je prends toujours le temps d'aller nager.

Ich bin überhaupt nicht sportlich.

Je ne suis pas sportif/ sportive du tout.

Ich gehe jeden Morgen vor der Arbeit eine halbe Stunde joggen. Ich brauche das.

Tous les matins, avant mon travail, je fais du jogging pendant une demi-heure. Ça m'est important.

Ich gehe jeden Abend eine Viertelstunde mit dem Hund spazieren. Das macht uns beiden Spaß.

Je sors promener mon chien tous les soirs pendant un quart d'heure. Ça nous fait plaisir à tous les deux.

➡➡ **Knigge-Tipp**

Auch wenn Sie ein begeisterter Sportler sind, vermeiden Sie es, ständig von sich selbst zu reden. Hören Sie mehr zu. So können Sie eine ganze Menge über Ihren Gesprächspartner erfahren.

Hobbys

Wir sprechen gerne über unsere Freizeitaktivitäten, weil sie uns interessieren und begeistern. Lassen Sie sich von den Hobbys Ihres Gegenübers erzählen. Sie werden feststellen: das Gespräch fließt wie von selbst.

---

*Ich sehe, **Sie interessieren sich für Fotografie.***

Je vois que **vous vous intéressez à la photographie.**

Ich fotografiere leidenschaftlich gerne. Für mich ist das eine Art von Kreativität.

Je fais de la photo par passion. Pour moi, c'est une forme de créativité.

Mich haben immer schon Bäume fasziniert.

Ce sont les arbres qui m'ont toujours fasciné/e.

Oh, was haben Sie da für ein schönes Buch über Ägypten.

Quel beau livre sur Egypte!

Ich habe mich schon immer für Archäologie interessiert.

Je me suis toujours intéressé/e à l'archéologie.

Was für ein schönes Hobby!

Quel beau hobby!

Dieses Bild ist wirklich toll.
.

Ce tableau est vraiment formidable.

Das freut mich aber, dass Ihnen das gefällt.

Je suis bien content/e que ça vous plaise.

Das ist eines meiner ersten Bilder, die ich gemalt habe.

C'est un de mes premiers tableaux que j'ai peints.

Malen ist für mich Entspannung pur.

Pour moi, la peinture, c'est la relaxation pure.

Ich lese ganz gerne. Das hilft mir, mich zu entspannen.

J'aime bien lire. Ça m'aide à me relaxer.

Ich lese gerade eine Biografie über Chopin.	Je suis en train de lire une biographie sur Chopin.
Ich komme in letzter Zeit überhaupt nicht mehr zum Lesen.	**Moi, ces derniers temps, je ne trouve pas le temps de lire.**
Ich mag Chopin sehr. Leider ist mein Klavierspiel nicht so gut.	Moi, j'aime beaucoup Chopin. Malheureusement, je ne joue pas bien du piano.
Ich probiere gerne neue Kochrezepte aus.	J'aime essayer de nouvelles recettes.
Darüber freut sich meine Familie, mal mehr, mal weniger.	Ça fait plaisir à ma famille, parfois plus, parfois moins.
Bei uns gibt es immer etwas zu reparieren, zur Freude meines Mannes.	Chez nous, il y a toujours quelque chose à réparer, ce qui fait plaisir à mon mari.
Wenn er werkeln kann, dann ist er in seinem Element.	Quand il peut bricoler, il est dans son élément.
Ich tanze sehr gerne.	**J'aime bien danser.**
Zum Glück geht mein Mann mit, auch wenn er nicht immer Lust dazu hat.	Heureusement que mon mari vient avec moi, même s'il n'en a pas toujours envie.

➡➡ **Knigge-Tipp**

- Die Begeisterung für sein Hobby verleitet leicht zu einem Monolog. Sie sollten nach einigen Sätzen Ihre Schilderung unterbrechen und Ihren Gesprächspartner einbeziehen.
- Versuchen Sie nicht, Ihr Gegenüber zu Ihrem Hobby zu bekehren. Sagen Sie lieber, welchen positiven Einfluss Ihr Hobby auf Ihr Leben hat. Dies wirkt viel überzeugender.

Urlaub und Reisen

Auch dieses Thema sorgt für einen ergiebigen Gesprächsstoff. Hier sind vor allem die subjektiven Eindrücke und die besonderen Erlebnisse das Interessante. Wie und was Ihr Gesprächspartner von seinem Urlaub erzählt, verrät viel über seine Persönlichkeit.

Ich bin völlig ausgepowert.
Ich brauche dringend Urlaub.

Je suis complètement à plat.
Il faut absolument que je prenne des vacances.

Haben Sie Ihren Urlaub schon hinter sich?

Vous avez déjà passé vos vacances?

Ich muss noch eine Weile auf meinen Urlaub warten.

Moi, je dois encore attendre un peu mes vacances.

Letztes Jahr waren wir in Italien.

L'année dernière, nous sommes allés en Italie.

Wir haben 2 Wochen lang alle möglichen Sehenswürdigkeiten besichtigt.

Nous y avons visité toutes sortes de curiosités pendant deux semaines.

Das war sehr schön, aber auch sehr anstrengend.

C'était très bien, mais aussi très fatigant.

Für dieses Jahr habe ich noch keine Ferienpläne.

Pour cette année, je n'ai pas encore de projets de vacances.

Dieses Jahr wollen wir es langsam angehen lassen.

Cette année, nous voulons faire doucement.

Wir fahren an die Ostsee. Wir haben kein großes Programm.

Nous allons au bord de la mer Baltique. Nous n'avons pas de gros programme.

Wir wollen uns einfach nur erholen.

Nous voulons tout simplement nous relaxer.

Der Urlaub ist ja immer viel zu schnell vorbei.	**Les vacances passent toujours beaucoup trop vite, c'est bien vrai.**
Fahren Sie wieder zum Segeln ans Mittelmeer?	Est-ce que vous repartirez au bord de la Méditerranée faire de la voile?
Letztes Jahr hatten Sie ja fantastisches Wetter.	L'année dernière, vous avez eu un temps fantastique, n'est-ce pas?
Dieses Jahr mache ich Aktivurlaub.	Cette année, je passerai des vacances actives.
Ich habe vor, meinen Segelschein zu machen.	**J'ai l'intention de passer mon permis de voile.**
Ich will unbedingt tauchen lernen.	Je veux absolument apprendre à faire de la plongée.
Mein Traum ist es, mit dem Wohnmobil durch Kanada zu fahren.	Mon rêve est de voyager à travers le Canada en camping-car.
Ich habe mir diese Reise für nächstes Jahr fest vorgenommen.	J'ai prévu ce voyage pour l'année prochaine.
Ach, wirklich? **Das wollte ich schon lange einmal machen.** *Wo buchen Sie denn diese Reise?*	Ah, vraiment? **C'est ce que j'ai voulu faire depuis longtemps.** Où est-ce que vous voulez réserver ce voyage?

➔➔ **Knigge-Tipp**

Vermeiden Sie bei diesem Thema jegliches Imponiergehabe. Breiten Sie nicht Ihre gesammelten Sehenswürdigkeiten aus. Berücksichtigen Sie die Interessen Ihres Gesprächspartners. Hören Sie zu, was er Ihnen zu erzählen hat.

Essen und Trinken

Beim Smalltalk über Essen und Trinken geben Sie den anderen Gesprächsteilnehmern Einblick in Ihre Lebensart. Gleichzeitig erfahren Sie einiges über Geschmack und Stil Ihres Gesprächspartners.

Ich kann essen, was ich will. Ich nehme nicht zu.	Je peux manger ce que je veux. Je ne prends pas de poids.
Bei mir ist gerade das Gegenteil der Fall. Ich muss schon aufpassen, was ich esse.	Pour moi, c'est justement le contraire. Je dois bien faire attention à ce que je mange.
Mmmh, das riecht aber gut hier!	**Mmmh, ça sent vraiment bon ici!**
Mmmh, das riecht aber nach Pilzen!	Mmmh, ça sent les champignons!
Ich habe schon lange keine mehr gegessen.	Je n'en ai plus mangé depuis longtemps.
Der Geruch erinnert mich an meine Kindheit bei meiner Oma.	Cette odeur me rappelle mon enfance chez ma grand-mère
Ich esse für mein Leben gern Fisch.	**J'aime bien manger du poisson.**
Fisch mag ich nicht besonders.	**Moi, je n'aime pas tellement le poisson.**
Ich habe einmal schlechte Erfahrungen mit einem Fischgericht gemacht.	Il y a une fois que je n'ai pas été content/e d'un plat de poisson.
Wir kaufen nur noch Biogemüse.	**Nous n'achetons que des légumes bio.**

Wie essen nicht mehr so viel Fleisch.	Nous mangeons moins de viande.
Das Biofleisch schmeckt viel besser.	Le goût de la viande bio est bien meilleur.
Das schmeckt aber gut! Wie haben Sie das gemacht?	**C'est vraiment bon, ça. Comment est-ce que vous avez préparé ça?**
Bis jetzt habe ich noch kein gutes Rezept gefunden.	Jusqu'à maintenant, je n'ai pas trouvé de bonne recette.
Ich finde, es ist heute viel einfacher, sich vegetarisch zu ernähren.	Je trouve qu'aujourd'hui, il est beaucoup plus facile de se nourrir végétarien.
Wenn ich großen Durst habe, trinke ich nur Mineralwasser.	**Quand j'ai très soif, je ne bois que de l'éau minérale.**
Wenn es warm ist, trinke ich am liebsten Bier.	Quand il fait chaud, je préfère boire de la bière.
Wenn ich abends ein Glas Rotwein trinke, kann ich gut schlafen.	Quand je bois un verre de vin rouge, le soir, je dors bien.
Morgens brauche ich 2 Tassen Kaffee. Sonst läuft bei mir nichts.	Le matin, il me faut deux tasses de café. Sinon, ça ne marche pas.
Ich darf keinen Alkohol trinken. Ich muss noch fahren.	Je ne peux pas boire d'alcool. Je dois encore conduire.

➜➜ **Knigge-Tipp**

Sei es in der Betriebskantine, im Restaurant oder im privaten Rahmen: Äußern Sie sich immer anerkennend über Geschmack und Qualität der Speisen und Getränke. Sehen Sie über etwaige Mängel hinweg.

Kultur und Events

Kultur und Events sind ein riesengroßer Themenbereich, aus dem sich immer ein aktueller Gesprächsstoff ergibt. Mit einem kulturell interessierten Gesprächspartner kann man sich leicht über Erlebtes und Erfahrenes austauschen.

Ich war schon lange nicht mehr im Kino.	Il y a longtemps que je ne suis pas allé/e au cinéma.
Der letzte Film, den ich gesehen habe, war ...	**Le dernier film que j'ai vu, c'est ...**
Zur Entspannung schaue ich mir abends im Fernsehen ganz gern mal einen Film an.	Pour me relaxer, le soir, j'aime bien regarder un film à la télé.
Früher bin ich oft ins Theater gegangen.	**Il y a quelque temps, je suis souvent allé/e au théâtre.**
In der letzten Zeit komme ich leider kaum noch dazu.	Malheureusement, ces derniers temps, je n'en ai guère la possibilité.
Ich habe im Juni in Verona eine tolle Opernaufführung gesehen.	En juin, à Verona, j'ai assisté à une représentation d'opéra sensationnelle.
Eine Oper unter freiem Himmel ist schon etwas Einmaliges.	Un opéra en plein air, c'est quelque chose d'exceptionnel.

➜➜ Französisch-Info

- *in einen Film gehen* = **aller voir** un film
  in eine Ausstellung gehen = **aller voir** une exposition
  in ein Musical gehen = **aller voir** un musical
  sich einen Film im Fernsehen anschauen
  = **voir** un film **à la télé**
- *fernsehen* = **regarder la télé**

*Ich war schon einmal mit
meinem Sohn in einem
Rockkonzert.*

Il y a une fois que je suis
allé/e à un concert de rock
avec mon fils.

*Das war schon eine
Bombenstimmung in der
Riesenmenge.*

C'était une ambiance
formidable au milieu
d'une foule énorme.

**Ich war vor kurzem in einer
Ausstellung über ...** *Ich war
ganz begeistert von dieser
Ausstellung.*

**Il y a peu de temps, je suis
allé/e voir une exposition
de ...** J'ai été tout à fait
enthousiasmé/e par cette
exposition.

*Es war ein Riesenandrang vor
dem Eingang.*

Il y avait une foule énorme
devant l'entrée.

*Ich habe 2 Stunden in der
Schlange gestanden. Aber
es hat sich gelohnt.*

J'ai fait la queue pendant
deux heures. Mais ça a valu
la peine.

**Ich gehe nicht gern allein
ins Museum.**

**Je n'aime pas aller au musée
tout/e seul/e.**

*Es gibt immer mehr Museen,
wo man einen virtuellen
Gang durch eine Ausstellung
machen kann.*

Il y a de plus en plus de
musées où on peut faire
un tour virtuel d'une
exposition.

*Ich finde dies ganz gut.
So kann man sich in aller
Ruhe die Exponate ansehen.*

Je trouve ça très bien. Comme
ça, on peut regarder les
objets exposés en toute
tranquillité.

➜➜ **Knigge-Tipp**

Wenn Sie sich zu diesem Thema äußern, sollten Sie zunächst
herausfinden, ob Sie mit Ihrem Gegenüber auf einer Wellenlänge liegen. Vermeiden Sie es, von oben herab ästhetische
Urteile zu fällen. Sie könnten den Geschmack Ihres Gesprächspartners disqualifizieren.

Computer, Internet und Co.

Wer bei der modernen Informationstechnologie am Ball bleibt, hat beim Smalltalk immer etwas zu sagen. Nur sollte man nicht zu sehr in die technischen Details gehen. Dies könnte Ihren Gesprächspartner langweilen.

Man kann im Internet fast alles kaufen.

On peut presque tout acheter sur Internet.

Man hat eine große Auswahl. Man kann die Preise besser vergleichen.

On a un grand choix. On peut mieux comparer les prix.

Ich kaufe meine Bücher fast nur noch im Internet.

Moi, j'achète mes livres presque uniquement sur Internet.

Ich habe gesehen, dass man auch schon frische Lebensmittel online bestellen kann.

J'ai vu qu'on peut aussi commander en ligne des aliments frais.

Ich weiß nicht, ob sich das lohnt. Denn man darf die Versandkosten nicht vergessen.

Je ne sais pas si ça vaut la peine parce qu'il ne faut pas oublier les frais d'expédition.

Ich bekomme in letzter Zeit immer mehr ungebetene Mails.

Ces derniers temps, **je reçois de plus en plus de mails indésirables.**

Haben Sie vielleicht eine Idee, was man dagegen tun kann?

Est-ce que vous savez ce qu'on peut faire contre ça?

Ich habe vor kurzem Probleme mit Viren gehabt. Das war sehr ärgerlich.

J'ai récemment eu des ennuis avec des virus. C'était très ennuyeux.

Mein neues Antivirenprogramm scheint ganz gut zu sein.

Mon nouveau programme antivirus paraît très bon.

In meinem Freundeskreis **telefonieren** *einige* **kostenlos** *übers Internet. Ich finde, das ist eine ganz tolle Sache.*

J'ai des amis qui **téléphonent gratuitement sur Internet.** Je trouve que c'est une très bonne chose.

Vor kurzem habe ich einen Artikel über das Internetfernsehen gelesen.

Il y a peu de temps, j'ai lu un article sur la télévision sur Internet.

Ich denke, das Internetfernsehen hat eine große Zukunft.

Je pense que la télévision sur Internet aura un grand avenir.

Mein Notebook hat den Geist aufgegeben.

Mon ordinateur portable est tombé en panne.

Mit dem Handy kann man ja heute alles Mögliche machen.

Aujourd'hui, avec le portable, on peut faire toutes sortes de choses.

Ich habe gehört, dass man mit dem Handy auch Parktickets lösen kann. Ich finde das sehr praktisch.

J'ai entendu dire qu'avec le portable, on peut aussi prendre des tickets de stationnement. Je trouve ça très pratique.

Ich weiß nicht, ob man das Handy-Fernsehen unbedingt braucht.

Je ne sais pas si on a absolument besoin de la télévision sur le portable.

➡➡ **Französisch-Info**

- *Ich habe gehört, dass … =* J'ai entendu dire que …
  Ich habe gehört, dass … = On m'a dit que …
  Von wem haben Sie das gehört? = Qui vous a dit ça?
- *Radio hören =* écouter la radio
  Ich habe im Radio gehört, dass …
  = A la radio, on a dit que …
- *Musik hören =* entendre de la musique
  Ich habe nichts gehört. = Je n'ai rien entendu.

Haustiere

Wenn Tierfreunde aufeinander stoßen, ergibt sich der Smalltalk wie von selbst. Man tauscht Erfahrungen über Hunde- und Katzenhaltung aus. Man spricht über die enge Beziehung zwischen Haustier und Besitzer.

Ich habe immer schon Tiere gehabt.

J'ai toujours eu des animaux.

Ich kann mir ein Leben ohne ein Tier nicht vorstellen.

Je ne peux pas m'imaginer ma vie sans animal.

Das ist aber ein lieber Hund. Haben Sie ihn schon lange?

Il est très sage, votre chien. Ça fait longtemps que vous l'avez?

Verträgt sich Ihr Hund auch mit Katzen?

Votre chien s'entend avec les chats?

Mein Hund kann Katzen nicht ausstehen.

Mon chien n'aime pas du tout les chats.

Mein Hund ist sehr anhänglich. Er merkt sofort, wenn es mir nicht so gut geht.

Mon chien est très affectueux. Il remarque tout de suite quand je ne vais pas bien.

Ich habe zwei Katzen. Sie halten sich nur in der Wohnung auf.

J'ai deux chats. Ils sont uniquement dans mon appartement.

Sie sind beide sehr verschmust.

Ils sont très câlins tous les deux.

Sie begrüßen mich, wenn ich von der Arbeit heimkomme.

Ils m'accueillent quand je rentre de mon travail.

Das ist für mich immer ein schönes Gefühl.

Ça me rend toujours très heureux/heureuse.

Ich habe einen großen Hund.

J'ai un gros chien.

Ich habe ihn in eimem Tierheim gefunden.	Je l'ai trouvé dans un asile pour animaux
Er braucht viel Auslauf.	Il a besoin de courir beaucoup.
Ich gehe jeden Tag zweimal mit meinem Hund Gassi. *Das hält mich fit.*	**Je sors promener mon chien deux fois par jour.** Comme ça, je reste en forme.
Ich liebe Katzen. Wir können jedoch keine Katze halten.	J'aime les chats. Nous ne pouvons cependant pas avoir de chat.
Unser Sohn **ist** *nämlich* **allergisch gegen Katzenhaare.**	C'est parce que notre fils **est allergique aux poils de chat.**
Es ist nicht immer einfach, einen Partner zu finden, der Tiere mag.	Il n'est pas toujours facile de trouver un partenaire qui aime les animaux.
Mein Sohn wollte unbedingt ein Meerschweinchen / einen Hamster haben.	Mon fils voulait absolument avoir un cochon d'Inde / un hamster.
Meine Tochter hat ein Zwerg-kaninchen. Sie kümmert sich rührend darum.	Ma fille a un lapin nain. Elle s'en occupe avec beaucoup d'affection.
Wir haben uns kürzlich zwei Wellensittiche gekauft.	Récemment, nous nous sommes acheté deux perruches.
Sie dürfen auch in unserer Wohunug frei fliegen.	Elles peuvent aussi voler dans notre appartement.

➜➜ **Knigge-Tipp**

> Wenn Sie bemerken, dass Ihr Gesprächspartner Haustiere nicht mag, sehen Sie darüber hinweg und wechseln Sie das Thema. Verzichten Sie auf jede moralische Bewertung seiner Einstellung.

Garten

Der Garten ist ein erfolgversprechendes Thema, wenn Sie eine gemeinsame Basis mit Ihrem Gegenüber suchen. Hier lassen sich leicht weitere Themen einbeziehen, wie z.B. Wetter, Natur, Naturschutz.

Meinen Garten möchte ich nicht missen.

Pour moi, le jardin est très important.

Ich arbeite gern im Garten.

J'aime bien jardiner.

Wenn ich im Garten arbeite, fühle ich mich richtig wohl.

Quand je travaille au jardin, je me sens très bien.

Mein Mann / Meine Frau hat für Gartenarbeit nicht viel übrig.

Mon mari / Ma femme ne s'intéresse pas au jardinage.

Sie haben aber einen tollen Garten.

Vous avez vraiment un jardin formidable.

Er macht bestimmt viel Arbeit.

Il vous fait sûrement beaucoup de travail.

Machen Sie das alles alleine?

Vous faites tout ça tout/e seul/e?

Ein Garten ist ganz schön, aber er darf nicht zu viel Arbeit machen.

C'est très bien d'avoir un jardin, mais il ne doit pas faire trop de travail.

Wir haben nicht viele Blumen im Garten.

Nous n'avons pas beaucoup de fleurs dans notre jardin.

Blumen sind schon etwas Schönes, sie brauchen nur viel Pflege.

Les fleurs, c'est quelque chose de très beau. Seulement, il faut s'en occuper beaucoup.

Wir haben einen kleinen Gemüsegarten / einen kleinen Kräutergarten.	Nous avons un petit jardin potager / un petit jardin aux fines herbes.
Es ist schon schön, wenn man frisches Gemüse / frische Kräuter aus dem eigenen Garten holen kann.	C'est très bien d'aller chercher des légumes frais / des fines herbes fraîches au jardin.
Wir haben viel Arbeit in unseren Garten gesteckt.	**Nous avons mis beaucoup de travail dans notre jardin.**
Unser Rasen sieht nicht sehr schön aus.	**Notre pelouse n'est pas très belle.**
Er sieht eher aus wie eine Wiese.	Elle ressemble plutôt à une prairie.
Eigentlich gefällt er mir so viel besser.	A vrai dire, comme ça, il me plaît beaucoup mieux.
Außerdem haben wir jetzt mehr Schmetterlinge und Insekten.	En plus, maintenant, nous avons plus de papillons et d'insectes.
Wir haben viele Bäume. Das ist ein richtiges Paradies für Vögel und Eichhörnchen.	Nous avons beaucoup d'arbres. C'est un vrai paradis pour les oiseaux et les écureuils.
Ich will keinen Garten. Das macht zu abhängig.	Je ne veux pas avoir de jardin. Ça me rend trop dépendant.
Ich habe nur ein paar Blumen auf dem Balkon.	**Je n'ai que quelques fleurs au balcon.**

➜➜ **Knigge-Tipp**

> Wenn Sie über Ihren Garten und Ihre Blumen sprechen, merken Sie schnell, ob Ihr Gesprächspartner Ihre botanische Leidenschaft teilt. Bei aller Naturliebe, versuchen Sie nicht, Ihr Gegenüber von der Richtigkeit Ihrer Meinung zu überzeugen.

Autos

Autos bilden ein hervorragendes Smalltalk-Thema. Hier kann wirklich jeder mitreden. Neben technischen Details lassen sich auch Erlebnisse rund um das Thema Verkehr schildern: Ausflüge, Pannen, Staus.

Ist das Ihr Auto? Das ist ein Traum von einem Auto, das muss man schon sagen. So ein Auto würde ich auch gern fahren.

C'est votre voiture? C'est une voiture de rêve, il faut bien le dire. J'aimerais bien conduire une voiture comme ça, moi aussi.

Mein Auto hat schon mehrere Jahre auf dem Buckel.

Ma voiture n'est plus toute jeune.

Ich habe schon mal überlegt, ob ich mir einen neuen Wagen kaufe.

J'ai déjà eu l'idée de m'acheter une nouvelle voiture.

Die neuen Autos sind viel sparsamer im Verbrauch. Und außerdem tut man etwas für die Umwelt.

Les nouvelles voitures sont beaucoup plus économiques. Et en plus, on fait quelque chose pour l'environnement.

Meine Tochter hat vor kurzem ihren Führerschein gemacht.

Ma fille a récemment passé son permis de conduire.

Ich habe ihr einen Gebrauchtwagen gekauft.

Je lui ai acheté une voiture d'occasion.

Ein Navigationsgerät ist wirklich wichtig.

Un système de navigation est vraiment important.

Man will ja nicht mehr dauernd während der Fahrt auf die Straßenkarte gucken.

On ne veut plus consulter toujours la carte routière pendant le trajet.

Ich bin auf mein Auto angewiesen.

J'ai besoin de ma voiture.

Ich muss 40 km zur Arbeit fahren.	**Je dois faire 40 km pour aller à mon travail.**
Da kommen schnell viele Kilometer im Jahr zusammen.	Comme ça, on fait beaucoup de kilomètres par an.
In der letzten Zeit lassen wir öfter mal das Auto stehen.	Ces derniers temps, nous laissons souvent notre voiture au garage.
*Wir haben uns angewöhnt, **kürzere Wege zu Fuß oder mit dem Rad zurückzulegen.***	Nous avons pris l'habitude de **faire les chemins plus courts à pied ou en vélo.**
Ich fahre nicht mehr mit dem Auto zur Arbeit. Ich habe ja doch nur dauernd im Stau gesteckt.	Je ne prends plus ma voiture pour aller à mon travail. C'est parce que j'ai toujours été pris dans un bouchon.
Mein Mann ist ein richtiger Autonarr. Wenn er an seinem Auto herumschrauben kann, ist er glücklich.	Mon mari est un fou de voitures. Quand il bricole sa voiture, il est heureux.
Wenn ich im Ausland bin, nehme ich grundsätzlich immer einen Mietwagen.	En principe, quand je suis à l'étranger, je prends une voiture de location.
Ich hatte** vor 2 Jahren **mit meinem Auto** in Italien **einen Unfall.	Il y a deux ans, en Italie, **j'ai eu un accident avec ma voiture.**
Das war wenig erfreulich, und ich hatte viel Ärger.	C'était peu agréable et j'ai eu beaucoup d'ennuis.

➡➡ **Knigge-Tipp**

Seien Sie immer taktvoll, wenn Sie technische Details Ihres Autos schildern. Auch wenn Sie Ihren Stolz auf Ihr neues Auto zeigen dürfen, sollten Sie doch in Ihren Äußerungen zurückhaltend sein.

TEIL 4: **Souverän beim geschäftlichen Smalltalk**

6 Geschäftliche Kontakte

Berufliche Tätigkeit
Firma
Kooperation
Konferenz und Besprechung
Erörterung und Diskussion
Präsentation
Tagung und Kongress
Tagungspause
Firmenbesuch

7 Mit Geschäftspartnern ausgehen

Einladung für den Abend
Geschäftsessen im Restaurant
Private Einladung zum Abendessen
Gemeinsamer Theater-/Konzertbesuch
Besuch einer Ausstellung/Vernissage

Berufliche Tätigkeit

Der Beruf ist bei aufgeschlossenen Gesprächspartnern ein ergiebiges Thema für den Smalltalk. Hier stoßen einfühlsame Bemerkungen zum Beruf und der beruflichen Tätigkeit Ihres Gegenübers auf Sympathie.

Ich war in der letzten Zeit viel unterwegs.

Ces derniers temps, j'ai été beaucoup en route.

Ich muss mich um unsere neuen Niederlassungen in Polen und in Tschechien kümmern.

Je dois m'occuper de nos nouvelles filiales en Pologne et en République tschèque.

Das ist ganz schön stressig.

C'est vraiment stressant.

Dies ist aber ganz normal für diese Position.

Mais c'est tout à fait normal pour ce poste.

*Und außerdem **macht mir diese Arbeit viel Spaß**.*

Et puis, **ce travail me fait très plaisir.**

Meine Firma will einen Mitarbeiter einstellen, der mich unterstützen soll.

Mon entreprise veut embaucher un collaborateur qui doit m'aider.

Ich habe gehört, Ihre Firma expandiert.

J'ai entendu dire que votre entreprise est en expansion.

Sind Sie auch davon betroffen?

Vous êtes touché/e par cela, vous aussi?

Wie gefällt es Ihnen in Ihrem neuen Tätigkeitsbereich?

Vous vous plaisez dans votre nouveau domaine?

Das hat bestimmt eine große Umstellung erfordert.

Cela a sûrement exigé une grande adaptation.

Ich kann mir denken, dass dies gar nicht so einfach war.

Je peux bien m'imaginer que ce n'était pas si facile que ça.

Ich habe dasselbe erlebt.	**J'ai fait la même expérience.**
Die Umstellung war für mich ziemlich anstrengend.	J'ai dû faire de gros efforts pour m'adapter.
*Aber letztendlich **ist alles ganz gut gelaufen.***	Mais enfin, **tout s'est bien passé.**
Ich finde, Sie haben eine ganz interessante Tätigkeit.	Je trouve que votre activité est très intéressante.
Da können Sie von Ihren Auslandserfahrungen voll profitieren.	Là, vous pouvez pleinement profiter de vos expériences de l'étranger.
Ja, das stimmt. Eine Auslands-tätigkeit ist nie verkehrt.	Oui, c'est vrai. Exercer une activité à l'étranger, c'est toujours utile.
Das trägt viel dazu bei, seinen Horizont zu erweitern.	Ça sert beaucoup à élargir son horizon.
Ich habe den Eindruck, Sie haben ein sehr gutes Betriebsklima.	J'ai l'impression qu'il y a une bonne ambiance dans votre entreprise.
Ein gutes Arbeitsklima ist für eine Firma sehr wichtig.	Une bonne ambiance de travail est très importante pour une entreprise.
Das darf man nicht unterschätzen.	Il ne faut pas sous-estimer ça.
Die Mitarbeiter sind dann viel motiverter.	Comme ça, les collaborateurs sont beaucoup plus motivés.

➜➜ **Knigge-Tipp**

Treten Sie bei diesem Thema nicht zu selbstbewusst auf. Stellen Sie Ihre berufliche Leistung und Ihre Erfolge nicht zu sehr in den Vordergrund. Seien Sie zurückhaltend mit Kritik und Klagen. Denken Sie immer daran, eine positive Gesprächsatmosphäre zu schaffen.

Firma

Hier können Sie ausführlich über Ihre Firma berichten.
Sie können über Ihre Motivation sprechen oder auch Ihrem
Gegenüber Einblick in Ihre Geschäftsideen vermitteln.

Wie laufen die Geschäfte?	**Comment vont les affaires?**
Unserer Firma geht es im Moment ganz gut.	Notre entreprise va très bien en ce moment.
Wir haben im Mai etliche Mitarbeiter eingestellt.	En mai, nous avons embauché plusieurs employés.
Es ist nicht ganz einfach, qualifizierte Mitarbeiter zu finden.	**Il n'est pas facile de trouver des collaborateurs qualifiés.**
Wir sind sehr zufrieden mit der Entwicklung unserer Firma.	Nous sommes très contents du développement de notre entreprise.
Ohne die Globalisierung wäre dies nicht möglich.	Sans la globalisation, ce ne serait pas possible.
Im letzten Jahr konnten wir den Gewinn um 8 % steigern.	L'année derniére, nous avons pu augmenter notre bénéfice de huit pour cent.
Zum Glück **hat sich unsere Firma ganz positiv entwickelt.**	Heureusement, **notre entreprise s'est développée très positivement.**
Das sah vor 3 Jahren noch ganz anders aus.	Il y a trois ans, la situation a été bien différente.
Wir haben unsere Firma radikal restrukturiert.	Nous avons radicalement restructuré notre entreprise.
Das war für uns die einzige Lösung, um eine Verbesserung herbeizuführen.	Pour nous, c'était la seule solution pour réaliser une amélioration.

*Ich habe gehört, **Ihre Firma hat enorm expandiert.***	J'ai entendu dire que **votre entreprise a pris une expansion énorme.**
Ja, das stimmt. Wir haben mehrere Produktionsbereiche ins Ausland verlagert.	Oui, c'est vrai. Nous avons transféré plusieurs secteurs de production à l'étranger.
Heutzutage ist man ja praktisch gezwungen dazu.	Actuellement, on est pratique-ment forcé de faire cela.
Man kann heute nur noch bestehen, wenn man permanent auf die Veränderungen des Marktes reagiert.	Aujourd'hui, on ne peut exister que si on réagit constammant aux changements du marché.
Ihre Firma ist ja stark auf dem asiatischen Markt vertreten.	Votre entreprise est bien présente sur le marché asiatique.
*Wir denken auch daran, in China **neue Absatzmärkte** zu **erschließen.***	Nous avons aussi l'intention de **créer de nouveaux marchés** en Chine.
Wir haben festgestellt, dass unsere Produkte dort stark nachgefragt werden.	Nous avons constaté que nos produits y étaient très demandés.
*Stimmt es, dass Ihre Firma **beabsichtigt, an die Börse zu gehen?***	Est-ce vrai que votre entreprise **a l'intention d'aller à la Bourse?**
Man kann ja nur hoffen, dass sich die Wirtschaft weiterhin positiv entwickelt.	On peut bien espérer que l'économie continuera à se développer positivement.

➜➜ **Knigge-Tipp**

Zeigen Sie eine positive Grundeinstellung zu Ihrer Firma und Ihren Kollegen. Bemühen Sie sich um ein freundliches und diplomatisches Kommunikationsverhalten. So ist Ihnen die Anerkennung Ihres Umfelds sicher.

Kooperation

Bei diesem Thema können Sie eine Menge Sympathiepunkte sammeln. Hier können Sie durchblicken lassen, dass Ihnen das Wohlbefinden Ihrer Mitarbeiter und Geschäftspartner generell ein wichtiges Anliegen ist.

Wir würden gern mit Ihnen zusammenarbeiten.

Nous aimerions bien collaborer avec vous.

Ich denke, dass eine Zusammenarbeit unserer Firmen sehr erfolgreich sein könnte.

Je pense qu'une collaboration de nos entreprises pourrait avoir un grand succès.

Wie Sie vielleicht wissen, beabsichtigen wir, unsere Produktion zu erweitern.

Comme vous savez peut-être, nous avons l'intention d'agrandir notre production.

Das ist ein interessanter Vorschlag.

C'est une proposition très intéressante.

Ich glaube, das könnte uns interessieren.

Je crois que cela pourrait nous intéresser.

Ich glaube, dass sich unsere Geschäftsinteressen sehr gut ergänzen.

Je crois que nos intérêts d'affaires se complètent très bien.

Woran dachten Sie denn genau?

A quoi pensiez-vous exactement?

Könnten Sie uns genauere Informationen über die Art unserer Zusammenarbeit geben?

Pourriez-vous nous donner des informations plus précises sur la manière de notre collaboration?

Wir dachten an einen gemeinsamen Vertrieb unserer Produkte.

Nous pensions à une distribution commune de nos produits.

Wir müssten uns noch einmal zusammensetzen, um die weiteren Details zu klären.

Nous devrions nous réunir encore une fois pour parler des autres détails.

Ich muss das alles erst einmal mit meinem Chef abklären.

Tout d'abord, je dois parler de tout ça avec mon chef.

Ich weiß nicht, wie unsere Geschäftsleitung in dieser Angelegenheit entscheidet.

Je ne sais pas comment notre direction décidera dans cette affaire.

Ich hoffe, dass dies die Zustimmung meines Chefs findet.

J'espère que ça trouvera l'approbation de mon chef.

Wenn alles planmäßig verläuft, können wir bald mit einer positiven Entscheidung rechnen.

Si tout se passe comme prévu, nous pourrons bientôt compter sur une décision positive.

Wir werden sicherlich eine akzeptable Lösung finden.

Je suis sûr/e que nous trouverons une solution acceptable.

Ich bin sehr froh, dass wir grünes Licht für die Realisierung unseres Projekts bekommen haben.

Je suis très content/e d'avoir obtenu l'approbation pour la réalisation de notre projet.

Ich bin überzeugt, dass die Zusammenarbeit für beide Firmen von großem Nutzen sein wird.

Je suis convaincu/e que la collaboration sera d'un grand profit pour nos deux entreprises.

➜➜ **Knigge-Tipp**

Zeigen Sie eine positive Einstellung zu Ihren geschäftlichen Aktivitäten. Bringen Sie Ihre Bereitschaft zum Ausdruck, sich für ein gemeinsames Ziel einzusetzen. Verzichten Sie auf oberflächliches Konkurrenzdenken.

Konferenz und Besprechung

In dieser Smalltalk-Situation können Sie Ihre Kommunikationsfähigkeit und Ihren Teamgeist unter Beweis stellen. Dies verleiht der Besprechung eine persönliche Note.

Ich freue mich, Sie heute hier begrüßen zu dürfen.

Je suis heureux/heureuse de pouvoir vous accueillir ici.

Heute stehen mehrere wichtige Punkte zur Besprechung an.

Aujourd'hui, il y a plusieurs points importants à discuter.

Zweck der heutigen Besprechung ist es, eine Entscheidung hinsichtlich einer engeren Zusammenarbeit mit der Firma ... zu treffen.

Le but de cette réunion est de prendre une décision au sujet d'une collaboration plus étroite avec ...

Um die Entscheidungsfindung zu erleichtern, habe ich Herrn ... gebeten, uns einen kurzen Überblick über die Sachlage zu geben.

Pour faciliter la décision, j'ai demandé à M. ... de nous donner un bref exposé de la situation.

Anschließend **wird** *noch* **Gelegenheit zu einer ausführlichen Diskussion sein.**

Ensuite, **il y aura l'occasion d'entrer dans une discussion détaillée.**

Wenn ich Sie richtig verstehe, *plädieren Sie für eine Erweiterung der Produktion.*

Si je vous comprends bien, vous vous prononcez pour un agrandissement de la production.

Könnten Sie das bitte näher erläutern?

Pourriez-vous expliquer cela plus en détail?

Ich frage mich nur, ob das in diesem Zeitrahmen machbar ist.

Je me demande seulement si cela peut être réalisé dans ce délai.

Nach meiner Erfahrung dürfte dies kein Problem sein.	D'après mes expériences, cela ne devrait pas poser de problème.
Ich bin mir nicht ganz sicher, ob wir mit der Zustimmung der anderen Partner rechnen können.	**Je ne suis pas tout à fait sûr/e si** nous pourrons compter sur l'approbation des autres partenaires.
Ich denke, wir sollten uns mit der Entscheidung noch etwas Zeit lassen.	Je pense que nous devrions nous donner du temps pour prendre une décision.
Ich meine, es wäre besser, noch weitere Informationen einzuholen.	Je pense qu'il vaudrait mieux prendre des renseignements supplémentaires.
Darf ich Sie kurz unterbrechen?	**Excusez-moi de vous interrompre.**
Erlauben Sie mir, zu diesem Punkt eine kurze Anmerkung zu machen.	Permettez-moi de faire une petite remarque à ce sujet.
Wir müssen noch einen Termin für unsere nächste Besprechung festlegen.	Il faut encore fixer la date de notre prochaine réunion.
Ich danke Ihnen für Ihr Kommen.	**Je vous remercie d'être venus.**

➜➜ Französisch-Info

- *Es wäre besser, wenn man ...* = **Il vaudrait mieux** *(+ inf.)*
  Es wäre besser, wenn Sie ... = Vous feriez mieux de *(+ inf.)*
- *Es wäre am besten, wenn man/wir ...*
  = **Le mieux serait de** *(+ inf.)*
  Es wäre am besten, wenn Sie ...
  = Le mieux serait que vous *(+ subj.)*

Erörterung und Diskussion

Kluges und diplomatisches Kommunikationsverhalten
trägt wesentlich dazu bei, Mitarbeiter zu motivieren
und Geschäftspartner zu Freunden zu machen.

*Was wir heute besprechen
wollen,* ist die Frage einer
Produktionserweiterung.

**Nous devons discuter
aujourd'hui** la question
d'un agrandissement
de la production.

*Ein Punkt, den wir unbedingt
diskutieren sollten, ist* das
*Schrumpfen unseres
Marktanteils.*

**Un des points à aborder
absolument concerne** la
diminution de notre part
de marché.

Meiner Ansicht nach ist die
*internationale Konkurrenz
das Hauptproblem.*

A mon avis, le problème
principal est la concurrence
internationale.

*Des weiteren möchte ich darauf
verweisen, dass* es seit einem
*Jahr einen dramatischen
Preisanstieg gibt.*

**En plus, j'aimerais souligner
que** depuis un an, il y a
une augmentation
dramatique des prix.

Nehmen wir zum Beispiel
die Energiepreise.

Considérons par exemple les
prix d'énergie.

Man sollte auch erwähnen, dass
das Energiesparprogramm
verbessert werden
muss.

Il faudrait aussi mentionner
qu'il faut améliorer le
programme d'économie
d'énergie.

Man darf nicht vergessen, dass
wir erst am Anfang stehen.

Il ne faut pas oublier que
nous en sommes à notre
début.

*Dem kann ich einfach nicht
zustimmen.*

**Je ne peux absolument pas
être d'accord sur ce point.**

Ich möchte Ihnen einen Bericht über die Entwicklung der Energiepreise *vorlegen.*

Je voudrais vous présenter un rapport sur l'évolution des prix d'énergie.

Der 2. Abschnitt auf Seite 10 behandelt den Energieverbrauch der letzten beiden Jahre.

Le deuxième paragraphe de la page dix traite de la consommation d'énergie pendant les deux dernières années.

Lassen Sie mich noch hinzufügen, dass wir dieses Problem noch nicht gelöst haben.

Laissez-moi encore ajouter que nous n'avons pas encore résolu ce problème.

Ich möchte Ihnen zu bedenken geben, dass die Zeit drängt.

Permettez-moi de vous faire remarquer que le temps presse.

Was ich sagen wollte, war: Wir müssen eine sofortige Entscheidung treffen.

Je voulais dire que nous devons prendre tout de suite une décision.

Könnten Sie erklären, was Sie unter „finanzielle Konsequenzen" verstehen?

Pourriez-vous expliquer ce que vous entendez par «conséquences financières»?

Ich glaube nicht, dass diese Frage so leicht zu beantworten ist.

Je ne crois pas que cette question soit facile à résoudre.

Ich glaube, die ganze Sache muss nochmals gründlich überdacht werden.

Je crois que tout cela doit être examiné plus attentivement.

➡➔ **Knigge-Tipp**

Nehmen Sie den Standpunkt Ihres Gesprächspartners mit Interesse zur Kenntnis. Bemühen Sie sich darum, auch bei unterschiedlichen Sichtweisen mögliche Gemeinsamkeiten herauszustellen.

Präsentation

Oft sind die Begleitumstände einer Präsentation von größerer Bedeutung als die Präsentation selbst. So bietet sich Ihnen die Möglichkeit, Neues zu erfahren und Geschäftskontakte zu vertiefen.

Das Thema dieser Präsentation ist die Entwicklung der erneuerbaren Energien in Europa.

Le thème de cette présentation est le développement des énergies renouvelables en Europe.

Zunächst **möchte ich Sie über** *den derzeitigen Erkenntnisstand* **informieren**.

Tout d'abord, **je voudrais vous informer sur** les résultats actuels

Vielleicht konnten Sie schon einen Blick in Ihre Unterlagen werfen.

Vous avez peut-être pu jeter un regard dans votre dossier.

Ab Seite 25 **finden Sie einen Bericht über** *die heutige Situation.*

A partir de la page 25, **vous trouverez un rapport sur** la situation actuelle.

Wie Sie wissen, *laufen zur Zeit mehrere Studien in diesem Bereich.*

Comme vous le savez, il y a en ce moment plusieurs études qu'on fait dans ce secteur.

Kommen wir nun zu den aktuellen Zahlen.

Passons maintenant aux chiffres actuels.

Diese Folie zeigt Ihnen *die Entwicklung der letzten 5 Jahre.*

Ce transparent vous montre le développement des cinq dernières années.

Wie Sie erkennen können, *ist die Entwicklung sehr positiv.*

Comme vous pouvez le voir, le développement est tès positif.

Das bedeutet aber nicht, dass die kritische Lage bereits überwunden ist.

Mais cela ne signifie pas que la situation critique est déjà passée.

Wie Sie festgestellt haben, ist dieses Thema sehr komplex.

Comme vous l'avez remarqué, ce thème est très complexe.

Wegen der Kürze der Zeit kann ich leider nur auf wenige Aspekte eingehen.

Comme nous n'avons pas beaucoup de temps, je ne peux malheureusement traiter que quelques aspects.

Das Thema verdient auf alle Fälle eine größere Beachtung.

Ce thème mérite en tout cas un plus grand intérêt.

Zusammenfassend möchte ich sagen: Es liegt noch ein ganzes Stück Arbeit vor uns.

Pour résumer, nous avons encore beaucoup de travail devant nous.

Ich würde vorschlagen, dass sich alle Interessierten anschließend zu einem Gedankenaustausch treffen.

J'aimerais proposer que tous ceux qui sont intéressés se rencontrent après pour un échange de vues.

Ich danke Ihnen für Ihre Aufmerksamkeit.

Je vous remercie de votre attention.

Ihre Präsentation hat mir außerordentlich gut gefallen.

Votre présentation m'a vraiment bien plu.

Ihre Schlussfolgerungen haben mich sehr überzeugt.

Les conclusions que vous avez tirées m'ont bien convaincu/e.

➜➜ **Knigge-Tipp**

Als Präsentator sollten Sie immer die Bedürfnisse Ihrer Zuhörer im Auge haben. Zeigen Sie als Zuhörer Interesse an den dargebotenen Informationen. Versuchen Sie, kritisches Nachfragen mit Freundlichkeit und Diplomatie zu formulieren.

Tagung und Kongress

Im beruflichen Terminkalender sind Kongresse und Tagungen von großer Bedeutung. Hier kommen Sie mit zahlreichen Personen ins Gespräch, die von beruflichem Interesse sind oder sein könnten.

Sind Sie geschäftlich hier?	**Vous êtes ici pour affaires?**
Darf ich fragen, woher Sie sind?	Est-ce que peux vous demander d'où vous venez?
Sie sagten, Sie kommen aus Madrid. Da haben Sie sicherlich eine lange Reise hinter sich.	Vous dites que vous venez de Madrid. Alors là, vous avez sûrement fait un long voyage.
Das ist ja interessant. Ich habe auch zwei Jahre in Madrid gearbeitet.	C'est vraiment intéressant. Moi aussi, j'ai travaillé à Madrid pendant deux ans
Sind Sie zum ersten Mal hier?	**C'est la première fois que vous êtes ici?**
Ich bin im Marketing tätig.	**Je travaille dans le marketing.**
Ich habe nicht viel Erfahrung in diesem Bereich.	Je n'ai pas beaucoup d'expérience dans ce domaine.
Wissen Sie, wo der Informationsstand ist?	Est-ce que vous savez où se trouve le stand d'information?
Wo bekomme ich die Kongressunterlagen?	**Où est-ce que je peux trouver la documentation de ce congrès?**
Hat die Pressekonferenz schon begonnen?	Est-ce que la conférence de presse a déjà commencé?

Dürfte ich einmal einen Blick in Ihr Programmheft werfen?	Est-ce que je pourrais jeter un regard dans votre programme?
Wann ist der Vortrag von Herrn/Frau Petit?	**A quelle heure commence l'exposé de** M./Mme Petit?
Wissen Sie vielleicht, in welchem Raum diese Veranstaltung stattfindet?	**Est-ce que vous savez par hasard dans quelle salle a lieu cette réunion?**
Kennen Sie zufällig den Referenten / die Referentin?	Est-ce que vous connaissez le conférencier / la conférencière?
Er/Sie ist ein/e anerkannte/r Experte/Expertin auf diesem Gebiet.	Il/Elle est un expert reconnu dans ce domaine.
Ich habe schon viel Gutes von ihm/ihr gehört.	On dit beaucoup de bien de lui / d'elle.
Ich habe ihn/sie voriges Jahr auf einer Tagung in München kennen gelernt.	J'ai fait sa connaissance dans un congrès à Munich, l'année dernière.
Ich bin gespannt, was ich Neues erfahren werde.	**Je suis curieux/curieuse de savoir ce qu'il y a de nouveau.**
Ich hoffe, dass ich hier etwas Neues über die Entwicklungen in diesem Bereich erfahre.	J'espère apprendre quelque chose de nouveau sur les développements dans ce domaine.

➜➜ **Knigge-Tipp**

Knüpfen Sie bei einem Zusammentreffen mit einer Ihnen bekannten Person an Vergangenes an. So schaffen Sie Gemeinsamkeiten. Tauschen Sie Ihre jeweiligen Erwartungen und Vorstellungen bezüglich der Veranstaltung aus.

Tagungspause

Bei Gesprächen mit anderen Tagungsteilnehmern können Sie Ihr Kommunikationsgeschick dazu einsetzen, einen recht positiven Eindruck zu hinterlassen, der für Sie geschäftlich von Bedeutung sein kann.

Wie hat Ihnen der Vortrag von Frau ... gefallen?

Comment avez-vous trouvé l'exposé de Mme ...?

Ich fand den Vortrag sehr gut.

J'ai trouvé l'exposé très bon.

Der Vortrag war ausgezeichnet, das muss man sagen.

L'exposé était excellent, il faut bien le dire.

Ich fand den Vortrag von Herrn ... zu abstrakt.

J'ai trouvé l'exposé de M. ... trop abstrait.

Ich bin ein wenig enttäuscht.
Ich hatte mir etwas mehr erwartet.

Je suis un peu déçu/e.
J'avais espéré un peu plus.

Welchen Eindruck haben Sie von dieser Tagung?

Quelle impression avez-vous de ce congrès?

Ich muss sagen, dass die Tagung bis jetzt sehr gelungen ist.

Je dois dire que ce congrès est bien réussi jusqu'à maintenant.

Nehmen Sie auch an der Podiumsdiskussion teil?

Vous assisterez aussi au débat en public?

Ich bin sehr gespannt, was dabei herauskommt.

Je suis très curieux/curieuse de savoir ce qu'il en sortira.

Diese Tagung ist besser als ich gedacht habe.

Ce congrès est meilleur que prévu.

Es hat sich gelohnt, dass ich hierhin gekommen bin.

Ça a valu la peine de venir ici.

Ich habe viele nützliche Informationen bekommen.	**J'ai eu beaucoup d'informations utiles.**
Ich habe eine Menge Anregungen bekommen.	J'ai reçu beaucoup de suggestions.
Glauben Sie, dass man das leicht realisieren kann?	Croyez-vous qu'on peut facilement réaliser cela?
Meiner Einschätzung nach lässt sich dies nur schwerlich in der Praxis umsetzen.	A mon avis, cela ne peut pas se réaliser facilement en pratique.
Leider fehlt mir im Augenblick die Zeit, mich näher mit diesem Thema zu beschäftigen.	Malheureusement, pour l'instant, je ne trouve pas le temps de m'occuper en détail de ce sujet.
Wie ich höre, sind Sie ein Experte in diesem Bereich.	Vous êtes un expert dans ce domaine, comme vous dites.
Es würde mich sehr interessieren, wo ich mehr Informationen über dieses Thema bekommen kann.	Ça m'intéresserait beaucoup de savoir où je peux trouver plus d'informations sur ce sujet.
Könnten Sie mir dazu einen Tipp geben?	**Pourriez-vous me donner un renseignement à ce sujet?**
Vielleicht könnten wir uns zu einem späteren Zeitpunkt darüber austauschen.	Peut-être que nous pourrions échanger nos impressions sur ce sujet à un moment futur.

➜➜ **Knigge-Tipp**

Suchen Sie Kontakt zu anderen Tagungsteilnehmern. Geben Sie Ihrem Gesprächspartner die Möglichkeit, seine Eindrücke offen darzulegen. Denken Sie daran, Ihre Meinung sachlich kompetent zu vertreten, ohne dabei überheblich zu wirken. Ihr Ziel muss es sein, dass sich Ihr Gegenüber wohlfühlt.

Firmenbesuch

Ein Firmenbesuch zählt zu den wichtigen Situationen, bei denen die Grundregeln des Smalltalk souverän und sensibel angewandt werden sollten. So trägt der Smalltalk zu einem gegenseitigen Gewinn bei.

Guten Tag. Mein Name ist ...	Bonjour. Mon nom est ...
Ich habe einen Termin mit Herrn/Frau ...	**J'ai rendez-vous avec M./Mme ...**
Sie werden schon erwartet.	On vous attend.
Ich sage Herrn/Frau ... Bescheid. Er/Sie wird Sie gleich abholen.	Je préviens M./Mme ... Il/Elle va venir vous chercher.
Wir freuen uns sehr, Sie in unserer Firma begrüßen zu dürfen.	Nous sommes très heureux de vous accueillir dans notre entreprise.
Wir gehen am besten gleich in mein Büro.	Le mieux est d'aller tout de suite à mon bureau.
Darf ich Ihnen den Mantel abnehmen?	**Donnez-moi votre manteau.**
Darf ich Ihnen etwas zu trinken anbieten?	Je peux vous offrir quelque chose à boire?
Setzen Sie sich doch bitte!	**Mais asseyez-vous, je vous prie.**
Hatten Sie eine angenehme Reise?	**Vous avez fait bon voyage?**
Ich möchte Sie gerne mit meinen Mitarbeitern bekannt machen.	J'aimerais vous présenter mes collaborateurs.
Herr/Frau ... ist Verkaufsleiter/ Verkaufsleiterin.	M./Mme ... est directeur/ directrice des ventes.

Er/Sie wird sich während Ihres
  Aufenthaltes bei uns
  um Sie kümmern.

Il/Elle va s'occuper de vous
  pendant votre séjour
  chez nous.

Wir haben eine erste
  Besprechung für 10 Uhr
  angesetzt.

Nous avons prévu une
  première réunion
  à dix heures.

Ich schlage vor, dass wir
  anschließend gemeinsam
  essen gehen.

Je vous propose d'aller
  déjeuner ensemble, après.

Heute Nachmittag haben Sie
  die Möglichkeit, die einzelnen
  Abteilungen unserer Firma
  näher kennen zu lernen.

Cet après-midi, vous aurez
  la possibilité de vous
  familiariser avec les
  différents départements
  de notre entreprise.

Dabei können Sie die noch
  offenen Fragen mit den
  Abteilungsleitern besprechen.

Ainsi, vous pourrez
  discuter des questions
  ouvertes avec les chefs
  de département.

Für morgen Vormittag haben wir
  ein Gespräch mit dem/der
  Geschäftsführer/in geplant.

Pour demain matin, nous
  avons prévu un entretien
  avec le gérant / la gérante.

Ich hoffe, das ist auch in
  Ihrem Interesse.

J'espère que c'est aussi
  dans votre intérêt.

Es würde mich sehr freunen,
  wenn sich Ihr Besuch bei uns
  für Sie gelohnt hat.

Je serais très heureux/
  heureuse que votre visite
  chez nous vous ait été
  profitable.

➜➜ **Knigge-Tipp**

Betrachten Sie das Zusammentreffen mit Geschäftspartnern
als Chance, engere Kontakte zu knüpfen. Durch kompetentes
Auftreten sowie ein freundliches und entspanntes Gespräch
können Sie wesentlich zu einem Erfolg beitragen.

Einladung für den Abend

Bei einer Einladung des Geschäftspartners zu einem lockeren Abendprogramm kommt der Smalltalk in seiner kommunikativen Funktion gut zur Geltung.

Ich weiß nicht, was Sie sich für heute Abend vorgenommen haben.

Je ne sais pas comment vous voulez passer votre soirée.

Haben Sie für heute Abend schon etwas vor?

Qu'est-ce que vous faites ce soir?

Es würde mich freuen, wenn Sie heute Abend unser Gast sein könnten.

Je serais heureux/heureuse que vous puissiez être notre invité ce soir.

Ich habe mir gedacht, wir könnten heute Abend gemeinsam essen gehen.

Je pense que nous pourrions aller dîner ensemble, ce soir.

Hier in der Nähe gibt es ein gemütliches Restaurant mit einer exzellenten Küche.

Près d'ici, il y a un restaurant intime avec une excellente cuisine.

Wenn Sie mögen, könnten wir anschließend noch etwas gemeinsam unternehmen.

Si vous désirez, nous pourrions encore faire quelque chose en commun, après.

Im Cineplex läuft ein ausgezeichneter Krimi.

Au Cineplex, on passe un excellent film policier.

Ich habe ihn selbst noch nicht gesehen. Aber er scheint sehr gut zu sein.

Je ne l'ai pas encore vu, moi-même. Mais il paraît très bon.

Oder gehen Sie lieber ins Theater?

Ou bien préférez-vous aller au théâtre?

Im Stadttheater wird ein Stück von ... gespielt.

Au théâtre municipal, on joue une pièce de ...

Dieses Stück hat gute Kritiken bekommen.	Cette pièce a eu de bonnes critiques.
Theaterkarten bekommen wir problemlos.	**Il n'y a pas de problème pour les billets.**
Ich kenne eine nette Bar mit Live-Musik.	**Je connais une boîte sympathique avec de la musique en direct.**
Wir gehen mit unseren Geschäftsfreunden gerne dorthin.	Nous aimons bien y aller avec nos partenaires.
Bisher waren unsere Geschäfts- freunde immer recht angetan davon.	Jusqu'à maintenant, nos partenaires en ont toujours été très contents.
Ah, da fällt mir gerade ein: in der Stadthalle findet ein Konzert mit Werken von Gossec statt.	Ah, il me vient une idée: dans la salle municipale a lieu un concert avec des œuvres de Gossec.
Im Museum ist gerade eine Ausstellung über indische Kunst.	Au musée, il y a en ce moment une exposition d'art indien.
In der Galerie ... gibt es eine Vernissage von jungen Künstlern.	A la galerie ..., on organise un vernissage de jeunes artistes.
Wenn Sie wollen, hole ich Sie sehr gerne in Ihrem Hotel ab.	**Si vous voulez, je passerai très volontiers vous prendre à votre hôtel.**

➜➜ **Knigge-Tipp**

Legen Sie bei Ihrer Einladung eine wohlwollende Freundlichkeit an den Tag. Machen Sie sich vorher einige Gedanken, wie
der Abend in einer entspannten Atmosphäre ablaufen könnte,
so dass sich alle Teilnehmer wohlfühlen.

Geschäftsessen im Restaurant

Die entspannte Atmosphäre eines Geschäftsessens bietet die Gelegenheit zu einem zwanglosen Gespräch über Lieblingsgerichte und Erfahrungen mit Restaurants.

Das ist ein sehr nettes Restaurant hier.

Il est très sympathique, ce restaurant.

Ja, wir kommen oft hierhin mit unseren Geschäftsfreunden.

Oui, nous venons souvent ici avec nos partenaires.

Man isst hier sehr gut. Besonders die regionale Küche hat hier einen guten Ruf.

On mange très bien ici. C'est surtout la cuisine régionale qui a une bonne réputation.

Die Speisekarte ist ja sehr umfangreich. Da wird man bestimmt etwas Gutes finden.

La carte offre vraiment un grand choix. On va sûrement y trouver quelque chose de bon.

Was können Sie mir empfehlen?

Qu'est-ce que vous me conseillez?

Oh, das dürfte sehr gut schmecken. Ich glaube, das nehme ich.

Oh, cela devrait être très bon. Je crois que je prendrai cela.

Ich habe mich noch nicht entschieden. Ich schwanke zwischen ... und ...

Je n'ai pas encore décidé. J'hésite entre ... et ...

Haben Sie schon einen Blick auf die Getränkekarte geworfen?

Vous avez déjà jeté un regard sur la carte des boissons?

Wie steht's mit einem Aperitif?

Vous désirez un apéritif?

Ich würde lieber zuerst ein Mineralwasser trinken.

Moi, j'aimerais mieux prendre d'abord une eau minérale.

Ich glaube, ich nehme einen kräftigen Rotwein.	Je crois que je prendrai un vin rouge fort.
Nehmen Sie doch einen … Der passt sehr gut zu Ihrem Fleischgericht.	Prenez donc un … Il va très bien avec votre plat de viande.
Trinken wir auf eine gute Zusammenarbeit! Zum Wohl!	Buvons à une bonne collaboration! A votre santé!
Wie schmeckt es Ihnen? Sind Sie zufrieden?	C'est bon? Vous en êtes content/e?
Das schmeckt wirklich alles sehr gut.	Tout est vraiment très bon.
Wie wär's mit einem Dessert / mit einer Käseplatte?	Vous prenez un dessert / un plat de fromages?
Vielen Dank, aber ich kann nicht mehr. Ich habe schon zu viel gegessen.	**Merci beaucoup, mais je n'en peux plus. J'ai déjà trop mangé.**
Sollen wir uns langsam aufmachen? Wir haben morgen noch ein volles Programm.	Je crois que nous devrions partir maintenant. Nous aurons beaucoup de choses à faire demain.
Sie waren mein Gast. – Danke, das ist sehr nett von Ihnen.	Je vous ai invité/e. – Merci, c'est très gentil à vous.
Das war ein sehr netter Abend. Vielen Dank für die Einladung.	**C'était une soirée très agréable. Merci beaucoup pour votre invitation.**

➡➡ **Knigge-Tipp**

Finden Sie freundliche Worte für das Restaurant, in dem das Geschäftsessen stattfindet. Äußern Sie sich positiv zur Speisekarte und zum Service. Sprechen Sie über angenehme Erfahrungen und persönliche Erlebnisse in der Gastronomie. Dies trifft auf das gesteigerte Interesse Ihres Gegenübers.

Private Einladung zum Abendessen

Ob Sie bei jemandem zu Hause Gast sind oder ob Sie selbst jemanden zu sich eingeladen haben: Immer gilt es, passende Smaltalk-Formulierungen sicher anzuwenden.

Schön, dass Sie gekommen sind. Haben Sie uns leicht gefunden?	C'est bien que vous soyez venu/e. Vous nous avez facilement trouvé?
Kommen Sie doch bitte herein! Wollen Sie nicht ablegen?	Mais entrez donc. Vous ne voulez pas enlever votre manteau?
Darf ich Ihnen meine Frau / meinen Mann vorstellen?	Puis-je vous présenter ma femme / mon mari?
Vielen Dank für die freundliche Einladung.	**Merci beaucoup pour votre gentille invitation.**
Ich habe Ihnen eine Kleinigkeit mitgebracht.	**Je vous ai apporté un petit cadeau.**
Vielen Dank. Aber das wäre wirklich nicht nötig gewesen.	Merci beaucoup. Mais vous n'auriez pas dû.
Nehmen Sie doch bitte Platz!	Mais asseyez-vous, s'il vous plaît.
Fühlen Sie sich ganz wie zu Hause.	Sentez-vous comme chez vous.
Möchten Sie sich nicht hierhin setzen?	Vous ne voulez pas vous mettre ici?
So haben Sie einen schönen Blick in den Garten.	Comme ça, vous avez une belle vue sur le jardin.
Schön haben Sie es hier.	**Mais c'est joli ici.**
So einen schönen Garten sieht man aber selten.	C'est rare qu'on voie un jardin aussi beau.

Das ist aber gemütlich bei Ihnen.	**C'est très sympathique chez vous.**
Setzen wir uns doch noch etwas in den Garten. Draußen ist es noch ziemlich warm.	Nous pourrions nous mettre un peu dans le jardin. Il fait encore assez chaud dehors.
Was darf ich Ihnen zu trinken anbieten?	Qu'est-ce que je vous offre à boire?
Zum Abendessen habe ich Wild gemacht. Ich hoffe, Sie mögen Wild.	Pour dîner, j'ai préparé du gibier. J'espère que vous aimez le gibier.
Oh, das esse ich sehr gerne. Darauf freue ich mich richtig.	Oh, j'aime bien manger ça. Ça va me faire très plaisir.
Mein Kompliment! Das war ein hervorragendes Essen.	**Tous mes compliments! Le repas était délicieux.**
Wollen Sie nicht noch etwas bleiben?	Vous ne voulez plus rester un peu?
Vielen Dank für Ihre Gastfreundschaft. Es war sehr schön.	**Merci beaucoup pour votre hospitalité. Ça m'a beaucoup plu.**
Wir haben uns über Ihren Besuch sehr gefreut.	Votre visite nous a fait très plaisir.
Kommen Sie gut nach Hause!	Rentrez bien.
Wir würden uns freuen, wenn wir in Kontakt blieben.	Nous serions heureux que nous restions en contact.

➡➜ **Knigge-Tipp**

> Achten Sie als Gastgeber darauf, Ihre Gäste ins Gespräch einzubinden. Finden Sie Gesprächsthemen, die für alle Anwesenden attraktiv sind und zu denen sie etwas beitragen können. Dies trägt sehr zu einem gelungenen Abend bei.

Gemeinsamer Theater-/Konzertbesuch

Auch im Theater oder bei einem Konzert ist der Smalltalk sehr hilfreich, Gemeinsamkeiten zu entdecken. Da gibt es jede Menge Gesprächsstoff.

Ich würde Sie gerne heute Abend zu einem Theaterbesuch einladen.

J'aimerais bien vous inviter au théâtre ce soir.

Es wird das Stück „ ... " gegeben. Es soll ganz gut sein.

On joue la pièce « ... ».
On dit qu'elle est très bien.

Ich habe auch schon von diesem Theaterstück gehört. Die Kritiken sind ja allgemein sehr gut.

J'ai entendu parler de cette pièce, moi aussi.
Les critiques sont en général très bonnes.

Wie hat Ihnen bisher das Stück gefallen?

La pièce vous a plu jusqu'à maintenant?

Das Bühnenbild ist ja sehr modern.

Il faut bien dire que les décors sont très modernes.

Ich finde, das passt ganz gut zur Aussage des Stücks.

Je trouve que cela va très bien avec le message de la pièce.

Wie lange ist eigentlich die Pause?

Vous savez combien de temps dure l'entracte?

Haben wir noch Zeit, etwas zu trinken?

Il nous reste encore le temps de boire quelque chose?

Ich muss sagen, das war wirklich eine rundum gelungene Aufführung.

Je dois dire que c'était vraiment une représentation très réussie.

Besonders beeindruckt hat mich der/die Schauspieler/in ... in der Rolle des/der ...

J'ai surtout été impressionné par l'acteur / l'actrice ... dans le rôle de ...

Es wäre vielleicht eine gute Idee, heute Abend in ein Konzert zu gehen.	Ce serait peut-être une bonne idée d'aller à un concert ce soir.
Es spielt das Orchester ... Ich habe mehrere CDs von diesem Orchester.	C'est l'orchestre ... qui joue. Moi, j'ai plusieurs CD de cet orchestre.
Wir haben Glück, dass dieses Orchester heute hier ein Konzert gibt.	Nous avons de la chance que cet orchestre donne un concert ici, ce soir.
Da komme ich gerne mit.	**Je vous accompagne volontiers.**
Das wird bestimmt ein schöner Abend.	**Ce sera sûrement une soirée agréable.**
Die Akustik in dem Konzertsaal ist phänomenal.	La salle de concert a une acoustique phénoménale.
Es ist gut, dass jetzt eine Pause ist. Es ist Zeit, dass man sich etwas die Beine vertritt.	C'est bien qu'il y ait une pause maintenant. Il est temps de se dégourdir un peu les jambes.
Der/Die Sänger/in ... hat wirklich eine wunderbare Stimme.	Le chanteur / La chanteuse ... a vraiment une voix magnifique.
Das Konzert war ein tolles Erlebnis.	Le concert a été un événement formidable.
Ich werde noch lange an dieses Konzert zurückdenken.	**Je me souviendrai longtemps de ce concert.**

➜➜ **Knigge-Tipp**

> Denken Sie daran, sich auf die Interessen Ihres Gesprächspartners einzulassen. Verzichten Sie auf Belehrungen und kritische Bewertungen. Sprechen Sie lieber Ihrem Gegenüber eine Kompetenz zu, über die Sie selbst nicht verfügen.

Besuch einer Ausstellung/Vernissage

Der Besuch einer Ausstellung oder Vernissage bietet zahlreiche Möglichkeiten, sich über Kunst und Künstler angeregt zu unterhalten.

Zur Zeit gibt es hier eine Ausstellung über zeitgenössische Kunst.

En ce moment, il y a ici une exposition d'art contemporain.

Haben Sie Lust, mit mir in diese Ausstellung zu gehen?

Est-ce que vous avez envie d'aller voir cette exposition avec moi?

Sie ist jeden Abend bis 20 Uhr geöffnet.

Elle est ouverte tous les soirs jusqu'à 20 heures.

Wenn Sie möchten, könnte meine Sekretärin Karten besorgen.

Si vous voulez, ma secrétaire pourrait nous procurer les billets d'entrée.

Ja, das interessiert mich sehr.

Oui, cela m'intéresse beaucoup.

Ich gehe häufiger in Kunstausstellungen.

Je vais souvent voir des expositions d'art.

Ich glaube, ich kaufe mir am besten einen Ausstellungskatalog.

Je pense que le mieux est d'acheter un catalogue de l'exposition.

Ah, das ist schön, dass es hier auch Bilder von ... gibt.

Ah, c'est très bien qu'il y ait aussi des tabeaux de ...

Dieser Maler gefällt mir besonders gut. *Das ist mein Lieblingsmaler.*

Ce peintre me plaît particulièrement. C'est mon peintre préféré.

Es war eine schöne Idee von Ihnen, in diese Ausstellung zu gehen.

C'était une bonne idée de votre part d'aller voir cette exposition.

Ich habe eine Einladung zu *einer Vernissage.*	**J'ai une invitation** à un vernissage.
Hätten Sie Lust, mit mir *dahin zu gehen?*	Est-ce que vous auriez envie d'y aller avec moi?
Es sind Werke von jungen *Künstlern unserer Region.*	Ce sont des œuvres de jeunes artistes de notre région.
Einige davon sind schon *ziemlich bekannt.*	Quelques-uns d'entre eux sont déjà très connus.
Oh, das ist eine schöne Idee. **Das könnte ganz interessant** **sein.**	Oh, c'est une bonne idée. **Cela pourrait être très** **intéressant.**
Das Bild da könnte ganz gut *in mein Arbeitszimmer* *passen.*	Ce tableau-là pourrait très bien convenir à mon bureau.
Von diesem Künstler habe ich *auch schon etwas gekauft.*	Moi aussi, j'ai déjà acheté une œuvre de cet artiste.
Ist diese Skulptur aus Stein / *aus Holz?*	Est-ce que cette sculpture est en pierre / en bois?
Was stellt diese Skulptur dar?	**Qu'est-ce que cette sculpture** **représente?**
Sollen wir nicht zum Buffet *gehen? Jetzt haben wir* *so viel gesehen.*	Vous êtes d'accord pour aller au bar? Nous avons regardé tant de choses jusqu'à maintenant.
Das war ein rundum gelungener *Abend.*	C'était une soirée bien réussie.

➜➜ **Knigge-Tipp**

> Gehen Sie beim Thema „Kunst" nicht zu sehr ins Detail.
> Sie laufen sonst Gefahr, dass Ihr Gesprächspartner Ihre Ein-
> schätzungen nicht teilt. Greifen Sie stattdessen unverfängliche
> Aspekte auf, die eher oberflächlichen Charakter haben.

In der Buchreihe *smf* sind außerdem folgende Titel
erschienen:

Bernhard Stentenbach

Richtig Französisch sprechen

*Im persönlichen Gespräch
und am Telefon*

Taschenbuch: 129 Seiten
ISBN: 978-3-8330-1097-5

- Formulierungshilfen für die wichtigsten
  Konstellationen von Gesprächen

- Ausdrücke und Wendungen für alle wesentlichen
  Redeabsichten

- Sprachbausteine für die gängigen
  Gesprächssituationen

- Vorbereitung auf alle wesentlichen Situationen
  beim Telefonieren

- Zahlreiche private sowie geschäftliche
  Mustertelefonate

Bernhard Stentenbach

Wortschatz für gutes Französisch

*Wörter, Ausdrücke und Wendungen
für aktuelle Kommunikation
und Smalltalk*

Taschenbuch: 182 Seiten
ISBN: 978-3-8334-2291-2

- Grundlegender aktueller Wortschatz
  von 2.000 Wörtern

- Besonders geeignet für Selbstlerner
  und VHS-Kursteilnehmer

- Wörter, Ausdrücke und Wendungen
  in kurzen, leicht anwendbaren Sätzen

- Führt zu einer mühelosen und spontanen
  Sprachverwendung

- Alle wichtigen Themen des aktuellen Lebens
  und Zeitgeschehens

Bernhard Stentenbach

Französische Grammatik fürs Sprechen

Einfach –Praktisch – Effektiv
mit Übungen

Taschenbuch: 120 Seiten
ISBN: 978-3-8334-4406-1

- Konsequente Ausrichtung auf die praktische Anwendung beim Sprechen
- Enthält nur das Wichtigste und Nützliche
- Ermöglicht ein Erlernen ohne die sonst üblichen Schwierigkeiten
- Leichte Anwendung der französischen Beispielsätze in der aktiven Kommunikation
- Kommunikative Ausrichtung der Übungen

Bernhard Stentenbach

Wieder fit in Französisch

Grammatik,
Wortschatz und Wendungen
zum Auffrischen

Taschenbuch: 163 Seiten
ISBN: 978-3-8334-7093-6

- Schnellkurs zum Auffrischen früher erworbener Grundkenntnisse in Französisch

- Schafft in kurzen Etappen eine solide Grundlage in Grammatik, Wortschatz und Wendungen

- Bietet kommunikativ wichtige Wörter, Ausdrücke und Sätze zu aktuellen Themen und Situationen

- Alle französischen Beispielsätze mit deutscher Übersetzung

- Sprachtraining durch kommunikativ orientierte Übungen